食物繊維のとれる献立集

―― 食物繊維の指導案付き ――

長野県学校保健会栄養教諭・学校栄養職員部会　編

全 国 学 校 給 食 協 会

発刊に当たって

　平成17年6月には食育基本法が成立し、その翌年には食育を推進するために必要な基本事項を定めた食育推進基本計画が決定されました。これを機に、さまざまな場面で、さまざまな人が食育に関する取り組みを行っています。
　学校においては、文部科学省が「食に関する指導の手引き」を作成し、また平成20年度には全都道府県で栄養教諭が任用されるなど、学校・保護者・地域が連携を図って食育を進めていくための基盤ができつつあるところです。
　学校における食育は、私たち栄養教諭や学校栄養職員がコーディネーターとなり、学校の教育目標をふまえて食に関する指導計画を策定し、学校教育活動全体で取り組んでいくことが必要です。そのために、学校給食の献立を「生きた教材」として、内容の充実を図り、児童・生徒に食事の大切さや食事のマナー、栄養のバランス、一食の量、地域の食材、地域の伝統食や食文化といった食に関する正しい知識を身につけ、また実践する力となるよう、給食時間や教科の時間の中で活用することが重要となってきます。
　そこで、今まで自分たちが作成した献立は栄養価がきちんと満たされ、季節感があり、子どもたちに何を伝えたいのかがはっきりしているのかなど「生きた教材」としての条件が整っていたのか初心に返って見直すとともに、基準量を満たすことが難しい「食物繊維」のとれる献立を長野県の会員から募りました。それを献立作成委員会のメンバーが一つ一つ丁寧に検討し、その献立を食の指導に生かす際の指導案を付けて『食物繊維のとれる献立集』を作成いたしました。
　このたび、全国学校給食協会様より、この献立集を全国の学校給食関係者の皆様に向けて発刊させていただくこととなりました。献立の組み合わせに悩んだとき、指導案に困ったときに、この献立集を活用していただき、「生きた教材」としての学校給食の献立をもとに食育の推進を図っていただければ幸いです。

平成20年9月

長野県学校保健会栄養教諭・学校栄養職員部会

Contents

2　　　はじめに
6　　　この本の使い方

	ページ	献立名		季節
穀類	8	**胚芽食パン**　寒天スープ　鶏肉の変わり揚げ　こんにゃくサラダ　いちご　牛乳		春／秋
	9	**雑穀米のドライカレー**　ワカメスープ　チキンカツ＆エビフライ　ブロッコリーのサラダ　牛乳	［中学校］	
いも類	10	麦ご飯　**新じゃがの肉じゃが**　ホキのレモン蒸し　チーズ入りおひたし　ミニトマト　牛乳		春
	11	かやくうどん汁　**大豆とヒジキとさつまいものかき揚げ**　春キャベツの昆布あえ　いちご　牛乳		
	12	和風つけうどん汁　**新じゃがとがんもの煮物**　カニとみつ葉のあえ物　プルーン　牛乳		夏
	13	ご飯　**小芋のそぼろ煮**　手作りさつま揚げ　大根干しとヒジキのサラダ　牛乳	［中学校］	
	14	麦ご飯　**いもの子汁**　松風焼き　切り干し大根のあえ物　牛乳		秋
	15	えのきたけご飯　豆腐の卵スープ　**ポテトコロッケ**　ごまみそあえ　牛乳		
	16	コッペパン　きのこのクリームスープ　**いもかりんとう**　ワカメサラダ　プルーン　牛乳		
	17	ソフトめんの麻婆めんスープ　**スイートポテト**　かみかみあえ　みかん　牛乳	［中学校］	
	18	ソフトめんの肉みそあん　**ヒジキとみつ葉の梅サラダ**　アップルケーキ　牛乳	［中学校］	
	19	麦ご飯　**関東煮**　白身魚の野菜あんかけ　茎ワカメのサラダ　みかん　牛乳		冬
	20	麦ご飯　きのこの沢煮椀　**じゃがいものそぼろあんかけ**　ごまちくサラダ　牛乳		
	21	ソフトめんのきのこうどん汁　炒り鶏　**さつまいものきんとん**　牛乳		
豆類	22	たけのこご飯　うど汁　三色あえ　**煮豆**　牛乳		春
	23	コッペパン　チーズディップ　**ポークビーンズ**　アスパラサラダ　いちご　牛乳		
	24	麦ご飯　鶏ごぼうスープ　サワラの香味焼き　春キャベツのごまあえ　**煮豆**　牛乳		
	25	ゆかりご飯　ワカメのみそ汁　**カリポリ揚げ**　菜の花のあえ物　牛乳		
	26	**えだまめご飯**　すまし汁　菊花シュウマイ　五目きんぴら　牛乳		夏
	27	コッペパン　ポテトスープ　**おからハンバーグ**　レタスのごまサラダ　牛乳		
	28	麦ご飯　きのこのみそ汁　麦入り松風焼き　**カレーサラダ**　牛乳		
	29	なすの七夕おやき　**小豆の七夕おやき**　そうめん汁　塩もみ　メロン　牛乳		
	30	きのこご飯　すまし汁　**豆腐の寄せ揚げ**　ごまあえ　牛乳		秋
	31	食パン　**クリーミービーンズスープ**　鶏肉の照り焼ききのこソース　コーンサラダ　牛乳		
	32	ツナまめご飯　**田舎汁**　白身魚のマヨネーズ焼き　さつまいもと切り昆布の煮物　牛乳		

	ページ	献立名		季節
豆類	33	麦ご飯　けんちん汁　戻りガツオの照り焼き　**鉄火みそ**　梨　牛乳	[中学校]	秋
	34	ご飯　豆腐のみそ汁　**豆と野菜の五目煮**　じゃがいものごま酢あえ　牛乳	[中学校]	
	35	ご飯　みそ汁　**おからの袋煮**　れんこんの辛子マヨネーズ　牛乳		冬
	36	丸パン　切り干し大根のスープ　**大豆のメンチボール**　ブロッコリーのサラダ　いちごジャム　牛乳		
	37	麦ご飯　えのきたけのフワフワスープ　サバのピリ辛焼き　**大豆と根菜のごま煮**　みかん　牛乳	[中学校]	
種実類	38	麦ご飯　おざんざ汁　おから入り松風焼き　**うどのごまあえ**　牛乳		春
	39	レーズンパン　野菜スープ　三色揚げ煮　**かぼちゃのアーモンドサラダ**　牛乳		秋
	40	麦ご飯　なめこ汁　**さつまいもと栗の甘辛あえ**　ごぼうサラダ　牛乳		
	41	**おはぎ**　すまし汁　すき焼き風煮　梨　牛乳		
	42	ほうとう　**芋もち**　ヒジキと大豆のツナサラダ　りんご　牛乳		
	43	五目ご飯　すまし汁　つみれの磯辺揚げ　**ふろふき大根のくるみみそがけ**　牛乳		冬
	44	麦ご飯　筑前煮　サケの塩焼き　**凍り豆腐のごまあえ**　牛乳		
野菜類	45	たけのこご飯　みそ汁　サワラの塩焼き　**菜の花のからしあえ**　清美オレンジ　牛乳		春
	46	たけのこご飯　すまし汁　ニジマスの塩焼き　大根おろし　ほうれん草ときのこのおひたし　**よもぎだんご**　牛乳		
	47	麦ご飯　**若竹汁**　カツオのごまみそがらめ　菜の花のからしあえ　美生柑　牛乳		
	48	発芽玄米ご飯　豚汁　アジのつけ焼き　**ぜんまいの炒め煮**　夏みかん　牛乳		
	49	ピースご飯　きのこのみそけんちん汁　鶏ささみのくるみソース　**菜花のおひたし**　牛乳		
	50	**たけのこご飯**　みそ汁　大豆とイリコの揚げ煮　野菜とコーンのサラダ　牛乳	[中学校]	
	51	ソフトめんの山菜うどん汁　**行者にんにくのかき揚げ**　野菜のえごまみそあえ　牛乳	[中学校]	
	52	**ソフトめんのもやし肉みそラーメン**　アスパラのごまあえ　お茶蒸しパン　牛乳	[中学校]	
	53	麦ご飯　そうめん汁　麻婆なす　**ナムル**　梅ゼリー　牛乳		夏
	54	麦ご飯　**夏野菜のみそ汁**　鉄火みそ　しめじあえ　牛乳		
	55	黒砂糖パン　キャベツのスープ　**かぼちゃとひき肉の重ね蒸し**　モロヘイヤ入りサラダ　りんご　牛乳		
	56	麦ご飯　とうがんのスープ　**かぼちゃのコロッケ**　モロヘイヤのおひたし　牛乳		
	57	ご飯　かぼちゃのみそ汁　鶏肉の松風焼き　**五目きんぴら**　牛乳	[中学校]	
	58	麦ご飯　シーフードワンタン　**チンジャオロース**　きくらげのサラダ　牛乳	[中学校]	

ページ	献立名	季節

野菜類

ページ	献立名	
59	麦ご飯　みそ汁　**かぼちゃのコロッケ**　ごまドレッシングサラダ　牛乳	秋
60	麦ご飯　ワカメスープ　厚揚げのごまみそあんかけ　**ごぼうサラダ**　牛乳	
61	麦ご飯　**根菜汁**　アマゴの塩焼き　ヒジキの炒め煮　りんご　牛乳	
62	コッペパン　ポークビーンズ　ヒジキのサラダ　**ごぼうチップ**　牛乳	
63	発芽玄米ご飯　炒り鶏　シシャモのフリッター　かぶとタコのからみあえ　柿　牛乳 [中学校]	
64	発芽玄米ご飯　かぼちゃぼうとう　**変わりきんぴら**　磯香サラダ　牛乳 [中学校]	
65	麦ご飯　すいとん汁　サケの塩焼き　**きんぴらごぼう**　みかん　牛乳	冬
66	麦ご飯　豚汁　**豚レバーとれんこんの甘辛煮**　酢の物　牛乳	
67	ソフトめんのみそラーメン　スタッフドポテト　**ごぼうサラダ**　牛乳	
68	麦ご飯　さつま汁　揚げ豆腐の野菜あんかけ　**つきこんと切り干し大根の五目煮**　みかん　牛乳 [中学校]	
69	麦ご飯　春雨スープ　ポテトとレバーのアーモンドあえ　**野菜の五目煮**　牛乳 [中学校]	

きのこ類

ページ	献立名	
70	**山菜きのこご飯**　アサリのみそ汁　サワラの塩焼き　ごまみそあえ　いちご　牛乳	春
71	コッペパン　ラタトゥイユ　**えのきたけのポークステーキ**　海藻サラダ　牛乳	夏
72	麦ご飯　きのこ汁　つくねだんごの甘辛煮　**根菜のホットサラダ**　牛乳	秋
73	麦ご飯　かぼちゃのみそ汁　**きのこ入りスクランブルエッグ**　チンゲン菜のおひたし　のりの佃煮　牛乳	
74	**まつたけ入りきのこご飯**　西条白菜のみそ汁　じゃがいもの巣ごもり卵　野沢菜の彩り漬け　かぼちゃゼリー　牛乳	
75	麦ご飯　**きくらげと卵のスープ**　おからバーグのケチャップソース　ポパイサラダ　牛乳	
76	麦ご飯　**具だくさんみそ汁**　サケのきのこソース焼き　大根サラダ　プルーン　牛乳	
77	麦ご飯　ワカメスープ　**ハンバーグきのこソース**　かんぴょうのごまみそあえ　プルーン　牛乳	
78	麦ご飯　**きのこ汁**　蒸し鶏のごまダレ　ごぼうサラダ　みかん　牛乳	
79	ヒジキご飯　**なめこと野菜のみそ汁**　ニジマスのカレー焼き　ごぼうサラダ　牛乳	
80	野沢菜ご飯　**きのこ汁**　鶏肉とさつまいものケチャップあえ　ごまあえ　牛乳	
81	五平餅　かきたま汁　炒り鶏　**小魚入りおひたし**　牛乳	
82	ツイストパン　ホタテとチンゲン菜のシチュー　**きのこのサラダ**　とうもろこし　牛乳	
83	**うどん風ソフトめんのきのこうどん**　月見だんご　くるみあえ　りんご　牛乳 [中学校]	

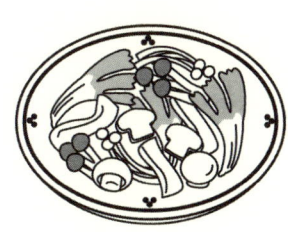

ページ	献立名・料理名	季節
藻類		
84	減量麦ご飯　すいとん汁　焼きシシャモ　**ヒジキと大豆の煮物**　いちご　牛乳	春
85	麦ご飯　みそけんちん汁　春の天ぷら　**刻み昆布の煮物**　牛乳　［中学校］	
86	青豆ご飯　うま煮　鶏肉の照り焼き　**くるみあえ**　サンフルーツ　牛乳　［中学校］	
87	ご飯　山菜のみそ汁　ニジマスの塩焼き　**ヒジキの五目煮**　清美柑　牛乳　［中学校］	
88	**ヒジキご飯**　なめこ汁　マスの塩焼き　**からしあえ**　牛乳　［中学校］	
89	ブルーベリーパン　ポークビーンズ　**ヒジキのサラダスパゲッティ**　メロン　牛乳	夏
90	ソフトめんのカレー南蛮汁　ニジマスの変わりソース　**ワカメとしめじの冷たい煮びたし**　ミニトマト　牛乳	
91	麦ご飯　とうがんのくずあん仕立て　肉じゃが　**ワカメのおひたし**　牛乳	
92	コッペパン　春雨スープ　ポークビーンズ　**海藻サラダ**　牛乳	
93	ご飯　**ヒジキの五目煮**　サンマの塩焼き　ごぼうサラダ　柿　牛乳	秋
単品		
94	豆のカレースープ	
95	きびすいとん／野菜のボルシチ風	
96	里芋の揚げ煮［中学校］／切り干し大根の中華サラダ	

97	食物繊維の指導案
106	食物繊維の指導資料
118	おわりに
110	料理名さくいん

イラスト　　　埋橋　恵美

この本の使い方

　本書は、食物繊維の多い献立を集め、ポイントとなる食材を分類ごとにまとめています。また、食物繊維の多い料理名は太字で表しています。

[食物繊維のとれる献立の探し方]
「豆類」「肉類」など食材の
分類から探す……………………3～5ページ
「春」「夏」など季節で探す…………3～5ページ
「主食」「汁物」「主菜」「副菜」
「デザート」の分類で探す………110ページ

[メッセージについて]
　献立作成者が子どもたちに宛てたものなので、地域独自の内容のものも含まれています。

　この献立集は、長野県内の献立を集めたものです。センター方式のもの、自校方式のものなど、いろいろな施設設備や食数があります。そのため、以下のことをご留意ください。

[栄養価について]
　献立に地域の特産品や開発品を使用している場合があるので、食品番号で献立作成ソフトに入力したとき、数値がぴったりとは一致しないことがあります。

[分量について]
　小学生用の献立は、中学年を基準にしています。以下の計算式を参考にしてください。
　低学年の場合は、献立の分量×0.9
　高学年の献立は、献立分量×1.1

※水の分量や調味料の分量は、調理する設備や食数で変わります。必ず給食を作る施設でご確認ください。

そのまま使えるメッセージつき！

食物繊維の とれる献立

食物繊維をしっかりとれる献立を集めました。給源になる主な食材を、豆類、野菜類、魚介類…と項目ごとに分けて探しやすくしています。献立ごとについているひとことメッセージは、おたよりや放送資料に。

穀類 / いも類 / 豆類 / 種実類 / 野菜類 / きのこ類 / 藻類 / 単品

胚芽食パン　寒天スープ　鶏肉の変わり揚げ　こんにゃくサラダ　いちご　牛乳

献立名	食品番号	材料	分量（g）	作り方
胚芽食パン	1027	食パン	80	
	1070	小麦胚芽	10	
寒天スープ	6212	にんじん	5	① しいたけを洗って、もどす。
	6151	細若たけのこ（水煮）	15	② たけのこ、にんじんは短冊切りに、しい
	6289	もやし	15	たけはせん切りにする。
	8013	しいたけ（乾）	0.5	③ にんじん、しいたけを煮る。
	6177	ホールコーン（冷）	10	④ たけのこ、コーン、もやしを加える。
	17008	薄口しょうゆ	3	⑤ 調味料を加えて、味つけする。
	17031	オイスターソース	0.5	⑥ 糸寒天を加える。
	17004	トウバンジャン	0.1	＊しいたけのもどし汁も使う。
	9027	糸寒天	1	
		水	120	
鶏肉の	11124	鶏むね肉・切り身	50	① しょうがはすりおろす。
変わり揚げ	6103	しょうが	2	② 鶏肉に下味をつける。
	3004	三温糖	1	③ ②に衣をつける。
	17045	白みそ	2	④ 油で揚げる。
	16023	酒	1.5	
	17007	濃口しょうゆ	3	
	1015	薄力粉	5	
	12004	鶏卵	5	
	1107	コーンフレーク	10	
	14005	揚げ油		
こんにゃくサラダ	2003	つきこんにゃく	45	① こんにゃくを下ゆでする。
	3004	三温糖	1.3	② ①に調味料を加えて煮含め、冷却する。
	17008	薄口しょうゆ	1.3	③ きゅうりは小口切りに、レタスは短冊切
	6065	きゅうり	20	りにする。
	6312	レタス	20	④ ③をゆでて、冷却する。
	11195	焼き豚・短冊切り	5	⑤ 焼き豚を焼いて、冷却する。
	5018	白すりごま	2	⑥ ごまをから煎りする。
	3004	三温糖	0.5	⑦ 調味料を合わせて、あえる。
	17008	薄口しょうゆ	2	
	17015	酢	2	
いちご	7012	いちご（2個）	30	
牛乳	13003	牛乳	206	

料理名	エネルギー kcal	たんぱく質 g	脂質 g	塩分 g	カルシウム mg	マグネシウム mg	鉄 mg	亜鉛 mg	ビタミン A μgRE	B$_1$ mg	B$_2$ mg	C mg	食物繊維 g
パン	255	10.0	4.2	0.9	34	19	1.7	2.1	1	0.33	0.15	0	3.2
スープ	21	1.4	0.1	0.6	8	9	0.2	0.3	39	0.02	0.05	3	2.0
鶏肉	159	11.0	5.6	0.6	8	17	0.5	0.4	27	0.03	0.07	0	0.3
サラダ	32	1.8	1.2	0.6	46	14	0.5	0.2	10	0.07	0.03	5	1.7
くだもの	10	0.3	0	0	5	4	0.1	0.1	0	0.01	0.01	19	0.4
牛乳	138	6.8	7.8	0.2	227	21	0	0.8	78	0.08	0.31	2	0
合計	615	31.3	18.9	2.9	328	84	3.0	3.9	155	0.54	0.62	29	7.6

メッセージ

　鶏肉のまわりについているものが何かわかりますか？　みなさんがおやつや朝食に食べたりするコーンフレークです。パリパリカリカリした食感を楽しんでください。
　スープの中には寒天が、サラダにはこんにゃくが入っています。今日はおなかの中をきれいにする食物繊維たっぷりの献立です。

中学校
雑穀米のドライカレー　ワカメスープ　チキンカツ＆エビフライ　ブロッコリーのサラダ　牛乳

穀類／いも類／豆類／種実類／野菜類／きのこ類／藻類／単品

献立名	食品番号	材料	分量（g）	作り方
雑穀米の ドライカレー	1083	精白米	60	① 米に雑穀を混ぜて炊飯する。
	1084	胚芽精米	15	② しょうが、にんにくはすりおろし、たまねぎ、にんじんは1cmの色紙切りにする。
	1001	アマランサス	5	③ ピーマンは1cmの色紙切りにし、下ゆでする。
	1011	きび	5	④ 油でしょうが、にんにく、豚ひき肉を炒める。
	1007	米粒麦	10	⑤ たまねぎ、にんじんを加えて、さらに炒める。
		強化米	0.18	⑥ マッシュルームを加えて、煮る。
	14003	炒め油	0.3	⑦ 調味料を加えて、味つけする。
	6103	しょうが	0.3	⑧ ③と干しぶどうを加える。
	6223	にんにく	0.1	⑨ ①に⑧とチーズを混ぜ合わせる。
	11163	豚ひき肉	15	
	6153	たまねぎ	30	
	6212	にんじん	5	
	8033	マッシュルーム（水煮）	10	
	17061	カレー粉	0.6	
	17007	濃口しょうゆ	2	
	17001	ウスターソース	2	
	17012	食塩	0.4	
	6245	ピーマン	5	
	7117	干しぶどう	5	
	13038	粉チーズ	3	
ワカメスープ	17024	鶏ガラ（だし用）	5	① 鶏ガラでだしをとる。
	4032	木綿豆腐	20	② 豆腐はさいの目切りに、ねぎは小口切りに、ワカメは短く切る。
	16003	酒	1	③ ①に豆腐を加えて、煮る。
	17007	濃口しょうゆ	4	④ 調味料を加えて、味つけする。
	17012	食塩	0.2	⑤ ワカメ、ねぎ、白ごまを加える。
	17064	白こしょう	0.02	
	9046	生ワカメ	5	
	6226	ねぎ	10	
	5018	白いりごま	1	
		水	170	
チキンカツ ＆エビフライ	11220	鶏むね肉・切り身	30	① 鶏肉、エビに下味をつける。
	10329	ブラックタイガー	20	② ①に衣をつける。
	17012	食塩	0.1	③ 油で揚げる。
	17064	こしょう	0.02	④ ソースをかける。
	1016	薄力粉	6	
	12004	鶏卵	6	
	1079	パン粉	15	
	14003	揚げ油	8	
	17002	中濃ソース	6	
ブロッコリーの サラダ	6263	ブロッコリー	55	① ブロッコリーは小房分けにして、ゆでて冷却する。
	17007	濃口しょうゆ	2	② 調味料を合わせて、あえる。
	17015	酢	1.5	
牛乳	13003	牛乳	206	

料理名	エネルギー kcal	たんぱく質 g	脂質 g	塩分 g	カルシウム mg	マグネシウム mg	鉄 mg	亜鉛 mg	ビタミン A μgRE	ビタミン B₁ mg	ビタミン B₂ mg	ビタミン C mg	食物繊維 g
カレー	417	11.5	5.0	1.1	51	66	2.3	2.3	50	0.25	0.10	6	3.6
スープ	28	1.7	1.3	1.2	45	17	0.4	0.2	4	0.01	0.03	2	0.6
フライ	218	13.8	10.3	0.7	25	23	0.7	0.6	12	0.05	0.07	1	0.9
サラダ	19	2.6	0.3	0.4	22	15	0.6	0.4	37	0.08	0.11	66	2.4
牛乳	138	6.8	7.8	0.2	227	21	0	0.8	78	0.08	0.31	2	0
合計	820	36.4	24.7	3.6	370	142	4.0	4.3	181	0.47	0.62	77	7.5

メッセージ

　アマランサス、きび、麦などの雑穀には、食物繊維が多く含まれています。しっかりかんで消化を良くしていただきましょう。白いお米にはない栄養がそれぞれの雑穀に含まれていて、健康食品として注目をあびています。

穀類 / いも類 / 豆類 / 種実類 / 野菜類 / きのこ類 / 藻類 / 単品

麦ご飯　新じゃがの肉じゃが　ホキのレモン蒸し　チーズ入りおひたし　ミニトマト　牛乳

献立名	食品番号	材料	分量（g）	作り方
麦ご飯	1083	精白米	70	
	1007	米粒麦	10	
新じゃがの肉じゃが	14003	炒め油	1	① 凍り豆腐、しいたけを洗って、もどす。
	11154	豚もも肉・こま切れ	10	② じゃがいも、にんじんは乱切りに、たまねぎはくし形切りに、しいたけはひと口大に切る。
	2017	じゃがいも	60	
	6212	にんじん	10	③ つきこんにゃくを下ゆでする。
	6153	たまねぎ	25	④ いんげんは3cmに切って、下ゆでする。
	2003	つきこんにゃく	25	⑤ 油で豚肉と②を炒める。
	4042	凍り豆腐・角切り	3	⑥ ③と凍り豆腐を加えて、煮る。
	8013	しいたけ（乾）	1	⑦ 調味料を加えて、味つけする。
	3004	三温糖	2	⑧ ④を加える。
	16025	みりん	1.2	
	17007	濃口しょうゆ	6	
	17012	食塩	0.2	
	6010	さやいんげん	6	
		水	30	
ホキのレモン蒸し	10245	ホキ・切り身	50	① たまねぎ、レモンは薄くスライス、しめじは小房分けにする。
	17012	食塩	0.2	② ホキに下味をつける。
	17064	白こしょう	0.01	③ ②とたまねぎ、しめじ、バター、レモンを一緒にアルミホイルに包む。
	6153	たまねぎ	15	④ 蒸す。
	8016	しめじ	4	
	14017	バター	4	
	7155	レモン	3	
チーズ入りおひたし	13040	プロセスチーズ・角切り	4	① ほうれん草、白菜はざく切りにする。
	6267	ほうれん草	26	② ①をゆでて、冷却する。
	6233	白菜	40	③ 花カツオをから煎りする。
	10091	花カツオ	0.5	④ あえる。
	17008	薄口しょうゆ	1.8	
ミニトマト	6183	ミニトマト（2個）	30	
牛乳	13003	牛乳	206	

料理名	エネルギー kcal	たんぱく質 g	脂質 g	塩分 g	カルシウム mg	マグネシウム mg	鉄 mg	亜鉛 mg	ビタミン A μgRE	B₁ mg	B₂ mg	C mg	食物繊維 g
ご飯	283	5.0	0.8	0	6	19	0.7	1.1	0	0.08	0.02	0	1.3
肉じゃが	126	5.7	3.6	1.1	46	28	0.8	0.7	80	0.17	0.07	23	2.7
ホキ	81	8.8	3.9	0.5	16	13	0.2	0.2	43	0.03	0.09	4	0.4
おひたし	28	2.3	1.1	0.4	55	24	0.6	0.4	105	0.04	0.08	17	1.2
ミニトマト	9	0.3	0	0	4	4	0.1	0.1	24	0.02	0.02	10	0.4
牛乳	138	6.8	7.8	0.2	227	21	0	0.8	78	0.08	0.31	2	0
合計	665	28.9	17.2	2.2	354	109	2.4	3.3	330	0.42	0.59	56	6.0

メッセージ

　新じゃがをたっぷり使った肉じゃがです。じゃがいもだけでなく、いろいろな具を入れるので、食物繊維、ビタミン、ミネラルをとることができます。
　ホキは淡白な白身魚ですが、バターを使ったレモン蒸しにしたので、バターがコクを増し、またレモン風味でさっぱり食べられ、さわやかな春にぴったりの献立です。
　チーズ入りおひたしはカツオ節とチーズが野菜の味を食べやすくしてくれています。今日はご飯に合う和風の献立です。

かやくうどん汁　**大豆とヒジキとさつまいものかき揚げ**　春キャベツの昆布あえ　いちご　牛乳

献立名	食品番号	材料	分量（g）	作り方
うどん風ソフトめん	1022	うどん風ソフトめん	190	
かやくうどん汁	17023	煮干し（だし用）	2	① 煮干しでだしをとる。
		水	120	② しいたけを洗って、もどす。
	8013	しいたけ（乾）	1	③ にんじんはいちょう切りに、白菜はざく
	11224	鶏もも肉・こま切れ	10	切りに、ねぎは小口切りに、しいたけは
	6212	にんじん	5	スライス、なるとは半月切りにする。
	4040	油揚げ	7	④ 油揚げは短冊切りにして、油抜きする。
	6233	白菜	20	⑤ ほうれん草はざく切りにて、下ゆでする。
	10384	なると	10	⑥ ①にしいたけ、鶏肉、にんじんを加えて、
	17007	濃口しょうゆ	6	煮る。
	17012	食塩	0.5	⑦ ④と白菜、なるとを加える。
	6226	ねぎ	10	⑧ 調味料を加えて、味つけする。
	6267	ほうれん草	5	⑨ ねぎと⑤を加える。
				＊ しいたけのもどし汁も使う。
大豆とヒジキと	4023	大豆（乾）	3.5	① 大豆を前日に洗って、もどしておく。
さつまいもの	9031	芽ヒジキ（乾）	1.2	② ヒジキを洗って、もどす。
かき揚げ	6212	にんじん	3	③ にんじん、さつまいもは太めのせん切り
	2006	さつまいも	30	にする。
	12004	鶏卵	7	④ 材料を混ぜ合わせる。
	1015	薄力粉	12	⑤ ④の形を整え、油で揚げる。
	2034	でんぷん	2.4	＊ かたさをみて、水は調節して加える。
	17012	食塩	0.12	
		水	適量	
	14011	揚げ油	6	
春キャベツの	6061	キャベツ	40	① キャベツは短冊切りに、きゅうりは小口
昆布あえ	6065	きゅうり	10	切りにする。
	9022	塩昆布	1	② ①をゆでて、冷却する。
	17008	薄口しょうゆ	0.5	③ 調味料を合わせて、あえる。
	17015	酢	0.5	
	17012	食塩	0.1	
いちご	7012	いちご（2個）	40	
牛乳	13003	牛乳	206	

料理名	エネルギー kcal	たんぱく質 g	脂質 g	塩分 g	カルシウム mg	マグネシウム mg	鉄 mg	亜鉛 mg	ビタミン AμgRE	B₁ mg	B₂ mg	C mg	食物繊維 g
ソフトめん	281	7.4	1.5	0.1	21	19	1.0	0.4	0	0.19	0.04	0	2.3
汁	62	5.1	2.7	1.6	41	24	0.8	0.5	60	0.04	0.06	7	1.2
揚げ物	176	3.6	7.7	0.1	45	25	1.4	0.3	38	0.05	0.05	4	2.2
あえ物	11	0.8	0.1	0.4	23	9	0.1	0.1	5	0.02	0.01	17	0.9
くだもの	14	0.4	0	0	7	5	0.1	0.1	0	0.01	0.01	12	0.6
牛乳	138	6.8	7.8	0.2	227	21	0	0.8	78	0.08	0.31	2	0
合計	682	24.1	19.8	2.4	364	103	3.4	2.2	181	0.39	0.48	42	7.2

メッセージ

　かき揚げに入っている大豆、ヒジキ、さつまいもなどは、おなかの調子を整えてくれる食物繊維がたくさん含まれています。ちょっとかたいですが、かめばかむほどおいしい味が口の中に広がります。よくかんで味わっていただきましょう。

和風つけうどん汁　**新じゃがとがんもの煮物**　カニとみつ葉のあえ物　プルーン　牛乳

献立名	食品番号	材料	分量（g）	作り方
うどん風ソフトめん	1039	うどん風ソフトめん	190	
和風 　つけうどん汁	17019	カツオ節（だし用）	2	① しいたけを洗って、もどす。
	14003	炒め油	1	② 花麩はぬるま湯でもどす。
	11221	鶏もも肉・こま切れ	10	③ カツオ節でだしをとる。
	16001	酒	2	④ にんじんは太めのせん切りに、たまねぎ
	6212	にんじん	8	はスライス、ねぎは小口切りに、白菜は
	6153	たまねぎ	15	ざく切りに、しいたけはせん切りに、え
	6233	白菜	15	のきたけは1/2に切る。
	8001	えのきたけ	5	⑤ 油揚げは短冊切りにして、油抜きする。
	8013	しいたけ（乾）	1	⑥ 鶏肉に下味をつける。
	4040	油揚げ	5	⑦ 油で⑥とにんじん、たまねぎを炒める。
	16025	みりん	2	⑧ ③を加えて、煮る。
	17007	濃口しょうゆ	7.5	⑨ ⑤と白菜、えのきたけ、しいたけを加え
	17012	食塩	0.2	る。
	1068	花麩	3	⑩ 調味料を加えて、味つけする。
	17073	七味唐辛子	0.02	⑪ ②を加える。
	6226	ねぎ	8	⑫ 七味とねぎを加える。
		水	120	＊ ⑫の汁にうどんをつけて食べる。
				＊ しいたけのもどし汁も使う。
新じゃがと 　がんもの煮物	17019	カツオ節（だし用）	1	① カツオ節でだしをとる。
	2017	じゃがいも	40	② じゃがいも、にんじんは厚めのいちょう
	6212	にんじん	10	切りにする。
	4041	ミニがんもどき	35	③ がんもどきを油抜きする。
	3004	三温糖	2.5	④ さやえんどうを下ゆでする。
	16001	酒	1.5	⑤ ①に②を加えて、煮る。
	17007	濃口しょうゆ	2.5	⑥ ③を加える。
	6020	さやえんどう	2	⑦ 調味料を加えて、味つけする。
				⑧ ④を加える。
カニとみつ葉 　のあえ物	10337	ズワイガニフレーク	10	① キャベツはざく切りに、きゅうりは小口
	6276	根みつ葉	5	切りに、みつ葉は2cmに切る。
	6061	キャベツ	30	② ①をゆでて、冷却する。
	6065	きゅうり	10	③ みりんを煮きって、冷却する。
	16025	みりん	0.5	④ 調味料を合わせて、あえる。
	17008	薄口しょうゆ	1.8	
プルーン	7081	プルーン	35	
牛乳	13003	牛乳	206	

料理名	エネルギー kcal	たんぱく質 g	脂質 g	塩分 g	カルシウム mg	マグネシウム mg	鉄 mg	亜鉛 mg	ビタミン A μgRE	ビタミン B₁ mg	ビタミン B₂ mg	ビタミン C mg	食物繊維 g
ソフトめん	281	7.4	1.5	0.1	21	19	1.0	0.4	0	0.19	0.04	0	2.3
つけ汁	86	4.4	4.2	1.3	32	22	0.5	0.5	66	0.02	0.04	5	1.2
煮物	129	6.4	6.2	0.6	101	45	1.5	0.7	77	0.06	0.02	15	1.4
あえ物	18	2.3	0.1	0.5	26	11	0.3	0.6	18	0.01	0.02	14	0.7
くだもの	17	0.2	0	0	2	2	0.1	0	14	0.01	0.01	1	0.7
牛乳	138	6.8	7.8	0.2	227	21	0	0.8	78	0.08	0.31	2	0
合計	669	27.5	19.8	2.7	409	120	3.4	3.0	253	0.37	0.44	37	6.3

メッセージ

　一年中食べられるじゃがいもでも、一番おいしいのはこの時季にとれる新じゃがです。今日はそんなホクホクとしたじゃがいもと、かむとジューッと煮汁が出るがんもどきを一緒に煮物にしてみました。二つの食感の違いを感じてみてください。

中学校

ご飯　小芋のそぼろ煮　手作りさつま揚げ　大根干しとヒジキのサラダ　牛乳

献立名	食品番号	材料	分量（g）	作り方
ご飯	1083	精白米	105	
		強化米	0.32	
小芋のそぼろ煮	14003	炒め油	1	① しいたけを洗って、もどす。
	6103	しょうが	1	② しょうがはせん切りに、にんじんは厚めのいちょう切りに、たまねぎはくし形切りに、しいたけはひと口大に切る。
	11163	豚ひき肉	10	
	11230	鶏ひき肉	10	
	2017	じゃがいも（小芋）	60	③ こんにゃくは乱切りにして、下ゆでする。
	6212	にんじん	10	④ 油でしょうが、ひき肉を炒める。
	6153	たまねぎ	25	⑤ 根菜、しいたけと③を加えて煮る。
	8013	しいたけ（乾）	1	⑥ 調味料を加えて、味つけする。
	2003	こんにゃく	30	＊ しいたけのもどし汁も使う。
	3004	三温糖	3.5	
	16025	みりん	5	
	17007	濃口しょうゆ	4.5	
		水	20	
手作りさつま揚げ	10205	タラ・すり身	30	① ごぼう、にんじん、ねぎは粗めのみじん切りにする。
	10047	イワシ・すり身	15	② すべての材料を混ぜ合わせて、よく練る。
	6084	ごぼう	10	③ ②を小判形に丸める。
	6212	にんじん	4	④ 油で揚げる。
	6226	ねぎ	4	
	12004	鶏卵	2.5	
	5035	ピーナッツ・刻み	3	
	1015	薄力粉	2.5	
	2034	でんぷん	2.5	
	3004	三温糖	0.8	
	17045	白みそ	2	
	16025	みりん	1.5	
	14003	揚げ油	4	
大根干しとヒジキのサラダ	6136	切り干し大根	5	① 切り干し大根、ヒジキを洗って、もどす。
	9031	芽ヒジキ（乾）	1	② キャベツ、きゅうりはせん切りにする。
	6061	キャベツ	25	③ ①②をゆでて、冷却する。
	6065	きゅうり	10	④ あえる。
	10264	ツナフレーク	15	
		ハーフマヨネーズ	7	
	17008	薄口しょうゆ	0.8	
牛乳	13003	牛乳	206	

料理名	エネルギー kcal	たんぱく質 g	脂質 g	塩分 g	カルシウム mg	マグネシウム mg	鉄 mg	亜鉛 mg	ビタミン A μgRE	B₁ mg	B₂ mg	C mg	食物繊維 g
ご飯	375	6.4	0.9	0	5	24	0.8	1.5	0	0.48	0.04	0	0.5
煮物	139	5.9	3.4	0.7	26	25	0.7	0.6	81	0.15	0.08	23	2.6
さつま揚げ	152	10.1	8.1	0.4	33	27	0.7	0.6	43	0.05	0.09	0	1.2
サラダ	87	3.9	5.5	0.2	55	20	1.3	0.2	14	0.03	0.03	11	2.0
牛乳	138	6.8	7.8	0.2	227	21	0	0.8	78	0.08	0.31	2	0
合計	891	33.1	25.7	1.5	346	117	3.5	3.7	216	0.79	0.55	36	6.3

メッセージ

　小芋は新じゃがの出回る今の季節しか食べることができません。小さいおいもなのでひとつひとつ皮をむくのは骨が折れる作業ですが、じゃがいものおいしさがギュッと詰まっているこの味をみなさんに味わってもらいたくて作りました。こんにゃくや干ししいたけも一緒に煮たので、みなさんに不足しがちな食物繊維もとることができます。

麦ご飯　いもの子汁　松風焼き　切り干し大根のあえ物　牛乳

献立名	食品番号	材料	分量（g）	作り方
麦ご飯	1083	精白米	76	
	1007	米粒麦	4	
いもの子汁	17023	煮干し（だし用）	2.5	① 煮干しでだしをとる。
	14003	炒め油	0.5	② ごぼうは斜め半月切りに、にんじん、里芋は厚めのいちょう切りに、白菜はざく切りに、えのきたけは1/2に切り、しめじは小房に分け、ねぎは小口切りにする。
	6084	ごぼう	10	
	6212	にんじん	10	
	2010	里芋	30	
	6233	白菜	20	
	8001	えのきたけ	10	③ 油揚げは短冊切りにして、油抜きする。
	8016	しめじ	8	④ 油でごぼう、にんじんを炒める。
	4040	油揚げ	5	⑤ ①と里芋を加えて、煮る。
	17045	白みそ	9	⑥ ③と白菜、きのこを加える。
	6226	ねぎ	8	⑦ 調味料を加えて、味つけする。
		水	110	⑧ ねぎを加える。
松風焼き	11230	鶏ひき肉	40	① しょうが、ねぎはみじん切りにする。
	6103	しょうが	0.7	② くるみをから煎りする。
	6226	ねぎ	6	③ 材料を混ぜ合わせて、よく練る。
	1079	パン粉	3	④ ③を丸めて紙カップに入れる。
	12004	鶏卵	5	⑤ ④の上にごまをふりかけて、焼く。
	13040	チーズ・さいの目切り	5	
	5014	くるみ・刻み	5	
	3004	三温糖	2.2	
	17045	白みそ	4	
	17007	濃口しょうゆ	1	
	5018	白いりごま	2	
		紙カップ	1個	
切り干し大根のあえ物	10263	ツナフレーク	10	① 切り干し大根を洗って、もどす。
	6136	切り干し大根	5	② ①はゆでて冷却し、下味をつける。
	17007	濃口しょうゆ	1.5	③ キャベツ、ほうれん草はざく切りにする。
	6061	キャベツ	25	④ ③をゆでて、冷却する。
	6267	ほうれん草	15	⑤ 調味料を合わせて、あえる。
	3004	三温糖	0.6	
	17007	濃口しょうゆ	2	
	17016	酢	2	
牛乳	13003	牛乳	206	

料理名	エネルギー kcal	たんぱく質 g	脂質 g	塩分 g	カルシウム mg	マグネシウム mg	鉄 mg	亜鉛 mg	ビタミン A μgRE	B_1 mg	B_2 mg	C mg	食物繊維 g
ご飯	285	4.9	0.8	0	5	18	0.6	1.1	0	0.07	0.02	0	0.7
汁	77	3.2	2.7	1.1	46	32	1.1	0.6	78	0.02	0.05	8	3.3
焼き物	166	12.2	10.0	0.8	75	33	1.1	0.8	38	0.06	0.13	1	1.1
あえ物	49	2.6	1.9	0.6	46	27	0.9	0.3	55	0.03	0.04	15	1.9
牛乳	138	6.8	7.8	0.2	227	21	0	0.8	78	0.08	0.31	2	0
合計	715	29.7	23.2	2.7	399	131	3.7	3.6	249	0.26	0.55	26	7.0

メッセージ

　今日は、秋の旬の食材を使った献立です。
　いもの子汁の里芋は近くの畑でとれたものを使いました。きのこは1年を通して地元のものを使っています。地元の食材は新鮮でとてもおいしいですね。
　松風焼きには、くるみが入っています。歯ごたえがあり風味もよく、みなさんに大人気の献立のひとつです。
　切り干し大根のあえ物も、ツナフレークが入っているのでみんなよく食べてくれます。
　今日の献立には、食物繊維というおなかにやさしい栄養がたくさん入っています。残さず食べましょう。

えのきたけご飯　豆腐の卵スープ　**ポテトコロッケ**　ごまみそあえ　牛乳

献立名	食品番号	材料	分量（g）	作り方
えのきたけご飯	1083	精白米	67	① 炊飯する。
	1007	米粒麦	3	② にんじんは短冊切りに、えのきたけは2cmに切る。
	14011	炒め油	0.8	
	11224	鶏もも肉・こま切れ	10	③ 油揚げは短冊切りにして、油抜きする。
	6212	にんじん	3	④ 油で鶏肉、にんじんを炒める。
	8001	えのきたけ	30	⑤ えのきたけと③を加える。
	4040	油揚げ	5	⑥ 調味料を加えて、味つけする。
	3004	三温糖	1	⑦ ①に⑥を混ぜ合わせる。
	16003	酒	2	
	16025	みりん	1	
	17007	濃口しょうゆ	6	
豆腐の卵スープ	17023	煮干し（だし用）	3	① 煮干しでだしをとる。
	6153	たまねぎ	30	② たまねぎはスライス、にんじんはせん切りに、豆腐はさいの目切りにする。
	6212	にんじん	10	
	4032	木綿豆腐	25	
	16003	酒	1	③ ほうれん草はざく切りにして、下ゆでする。
	17007	濃口しょうゆ	4	④ ①に根菜を加えて、煮る。
	17012	食塩	0.2	⑤ 豆腐を加える。
	17065	こしょう	0.02	⑥ 調味料を加えて、味つけする。
	2034	でんぷん	1	⑦ 水溶きでんぷんで、とろみをつける。
	12004	鶏卵	20	⑧ 溶き卵を流し入れる。
	9044	ワカメ（乾）	0.6	⑨ ワカメと③を加える。
	6267	ほうれん草	10	
		水	120	
ポテトコロッケ	2017	じゃがいも	50	① じゃがいもは蒸して、熱いうちにつぶす。
	13040	チーズ・さいの目切り	6	② たまねぎ、ピーマンはみじん切りにする。
	14011	炒め油	0.8	③ 油で豚ひき肉、たまねぎ、ピーマンを炒める。
	11163	豚ひき肉	15	
	6153	たまねぎ	20	④ 塩・こしょうを加えて、味つけする。
	6245	ピーマン	3	⑤ ①とチーズを加えて、混ぜ合わせる。
	17012	食塩	0.2	⑥ ⑤を丸めて、衣をつける。
	17065	こしょう	0.02	⑦ 油で揚げる。
	1019	中力粉	4	＊ソースは別添えにする。
	12004	鶏卵	5	
	1079	パン粉	7	
	14011	揚げ油	5	
	17002	中濃ソース	5	
ごまみそあえ	6212	にんじん	3	① 野菜は短冊切りにする。
	6233	白菜	40	② ①をゆでて、冷却する。
	6061	キャベツ	20	③ ごまをから煎りする。
	5018	黒すりごま	3	④ 調味料を合わせて、あえる。
	3004	三温糖	1	
	17045	白みそ	3	
	17007	濃口しょうゆ	1	
牛乳	13003	牛乳	206	

料理名	エネルギー kcal	たんぱく質 g	脂質 g	塩分 g	カルシウム mg	マグネシウム mg	鉄 mg	亜鉛 mg	ビタミン				食物繊維 g
									A μgRE	B$_1$ mg	B$_2$ mg	C mg	
ご飯	295	6.5	3.2	0.9	22	32	1.1	1.3	25	0.12	0.07	0	2.0
スープ	75	5.4	3.4	1.2	65	29	1.0	0.7	142	0.08	0.13	6	1.4
コロッケ	208	7.2	10.9	0.8	54	22	0.7	0.9	28	0.16	0.09	22	1.6
あえ物	38	1.6	1.6	0.5	60	19	0.5	0.2	26	0.03	0.03	16	1.4
牛乳	138	6.8	7.8	0.2	227	21	0	0.8	78	0.08	0.31	2	0
合計	754	27.5	26.9	3.6	428	123	3.3	3.9	299	0.47	0.63	46	6.4

メッセージ

　今日は村内でとれた野菜をたくさん使いました。えのきたけは○○さん、豆腐は○○豆腐店、じゃがいもは○○さん、白菜は○○さん、にんじんは○○さん、キャベツは○○さんが栽培されたものです。いつもとはひと味違います。味わっていただきましょう。

穀類　いも類　豆類　種実類　野菜類　きのこ類　藻類　単品

穀類 / いも類 / 豆類 / 種実類 / 野菜類 / きのこ類 / 藻類 / 単品

コッペパン　きのこのクリームスープ　いもかりんとう　ワカメサラダ　プルーン　牛乳

献立名	食品番号	材料	分量（g）	作り方
コッペパン		コッペパン	93	
きのこの クリームスープ	14003	炒め油	0.5	① ホワイトソースを作る。
	11220	鶏むね肉・こま切れ	30	② にんじんはいちょう切りに、たまねぎ
	6212	にんじん	10	はスライス、えのきたけは1/3に切り、
	6153	たまねぎ	40	しめじは小房に分け、パセリはみじん切
	6177	ホールコーン（冷）	10	りにする。
	8001	えのきたけ	10	③ 油で鶏肉、根菜を炒める。
	8016	しめじ	15	④ ③に水を加えて煮る。
	10283	アサリ水煮	10	⑤ コーン、きのこ、アサリを加える。
	14017	バター	5	⑥ ①と塩・こしょうを加えて、味つけする。
	1015	薄力粉	5	⑦ パセリを加える。
	13003	牛乳	30	
	17012	食塩	0.5	
	17065	こしょう	0.05	
	6239	パセリ	1	
		水	50	
いもかりんとう	2006	さつまいも	70	① さつまいもは1cmの拍子切りにする。
	14003	揚げ油	4	② ①を油で素揚げにする。
	5018	白いりごま	0.4	③ ごまをから煎りする。
	3004	三温糖	5	④ 調味料を加熱して、タレを作る。
	3016	水あめ	4	⑤ ④で②③をからめる。
		水	2.5	
ワカメサラダ	9044	ワカメ（乾）	1.5	① きゅうりは小口切りに、キャベツは短冊
	6065	きゅうり	10	切りにする。
	6061	キャベツ	20	② ①とワカメをゆでて、冷却する。
	10379	かまぼこ	10	③ かまぼこはいちょう切りにして、蒸して
	14003	米ぬか油	2	冷却する。
	17007	濃口しょうゆ	2	④ 調味料を合わせて、あえる。
	17016	酢	2	
	17065	こしょう	0.03	
プルーン	7081	プルーン	40	
牛乳	13003	牛乳	206	

料理名	エネルギー kcal	たんぱく質 g	脂質 g	塩分 g	カルシウム mg	マグネシウム mg	鉄 mg	亜鉛 mg	ビタミン AμgRE	B₁ mg	B₂ mg	C mg	食物繊維 g
パン	278	9.1	3.6	1.3	42	27	0.8	0.1	0	0.14	0.10	0	2.0
スープ	149	10.3	6.6	0.8	57	34	1.0	0.8	122	0.11	0.15	7	2.4
いも	163	0.9	4.3	0	1	19	0.5	0.1	1	0.08	0.02	20	1.7
サラダ	38	2.1	2.2	0.9	28	13	0.2	0	6	0.01	0.01	9	1.0
くだもの	20	0.3	0	0	2	3	0.1	0	16	0.01	0.01	2	0.8
牛乳	138	6.8	7.8	0.2	227	21	0	0.8	78	0.08	0.31	2	0
合計	786	29.5	24.5	3.2	357	117	2.6	1.8	223	0.43	0.60	40	7.9

メッセージ

　さつまいもは、沖縄では「唐芋」、鹿児島では「琉球芋」、関東では「さつまいも」とも呼ばれています。さつまいもには、からだの調子を整えてくれるビタミンCやカリウム、食物繊維がたくさん含まれています。今日は、さつまいもを細長く切り、かりんとうのように揚げた「いもかりんとう」にしてみました。

中学校

ソフトめんの麻婆めんスープ **スイートポテト** かみかみあえ　みかん　牛乳

献立名	食品番号	材料	分量（g）	作り方
ソフトめん		ソフトめん	250	
麻婆めんスープ	14004	炒め油	1	① もやし以外の野菜はみじん切りにし、豆腐はさいの目切りにする。
	6223	にんにく	0.5	② 油でにんにく、しょうが、豚ひき肉を炒める。
	6103	しょうが	0.5	③ たまねぎ、にんじんを加えて、さらに炒める。
	11163	豚ひき肉	20	④ 水を加えて煮る。
	6153	たまねぎ	20	⑤ 豆腐、もやしを加える。
	6212	にんじん	10	⑥ 調味料を加えて、味つけする。
	4032	木綿豆腐	40	⑦ 水溶きでんぷんで、とろみをつける。
	6289	もやし	40	⑧ にら、ねぎを加える。
	17024	鶏がらスープ	5	
	3004	三温糖	2	
	17045	みそ	9	
	17007	濃口しょうゆ	3.5	
	17004	トウバンジャン	0.5	
	2034	でんぷん	1	
	6207	にら	10	
	6226	ねぎ	10	
		水	50	
スイートポテト	2006	さつまいも	70	① さつまいもは蒸して、熱いうちにつぶす。
	14017	バター	2.6	② ①にバター、牛乳、調味料を加えて、混ぜ合わせる。
	13003	牛乳	10	③ ②を小判形に丸めて、紙カップに入れる。
	3003	上白糖	4	④ 卵黄を塗って、焼く。
	17012	食塩	0.1	
	12010	卵黄	5	
		紙カップ	1個	
かみかみあえ	6132	大根	40	① 野菜はせん切りにする。
	6065	きゅうり	12	② ①とワカメをゆでて、冷却する。
	9040	ワカメ（乾）	0.5	③ さきイカをオーブンで焼く。
	10354	さきイカ	8	④ ③に調味料を加えて、下味をつける。
	3003	上白糖	1	⑤ ごまをから煎りする。
	17008	薄口しょうゆ	2.5	⑥ あえる。
	17015	酢	2	
	14002	ごま油	0.5	
	5018	白いりごま	1.5	
みかん	7026	みかん	80	
牛乳	13003	牛乳	206	

料理名	エネルギー kcal	たんぱく質 g	脂質 g	塩分 g	カルシウム mg	マグネシウム mg	鉄 mg	亜鉛 mg	ビタミン A μgRE	ビタミン B₁ mg	ビタミン B₂ mg	ビタミン C mg	食物繊維 g
ソフトめん	370	9.8	2.0	0	28	25	1.3	0.5	0	0.25	0.05	0	2.3
スープ	135	9.2	6.2	1.8	81	36	1.4	1.0	108	0.20	0.10	9	2.3
ポテト	152	1.9	4.3	0.2	47	19	0.8	0.3	42	0.09	0.07	20	1.6
あえ物	57	6.3	1.6	0.7	39	32	0.3	0.6	8	0.03	0.01	7	1.1
くだもの	36	0.4	0.1	0	14	9	0.1	0.1	70	0.06	0.03	28	0.6
牛乳	138	6.8	7.8	0.2	227	21	0	0.8	78	0.08	0.31	2	0
合計	888	34.4	22.0	2.9	436	142	3.9	3.3	306	0.71	0.57	66	7.9

メッセージ

「栗よりうまい十三里」といわれる秋が旬のさつまいもでスイートポテトを作りました。さつまいもには食物繊維がたくさん含まれていて腸の調子を整えてくれます。

中学校
ソフトめんの肉みそあん　ヒジキとみつ葉の梅サラダ　アップルケーキ　牛乳

穀類／いも類／豆類／種実類／野菜類／きのこ類／藻類／単品

献立名	食品番号	材料	分量（g）	作り方
ソフトめん		ソフトめん	250	
肉みそあん	14004	炒め油	1	① もやし以外の野菜としいたけは粗めのみじん切りにする。
	6103	しょうが	1	② 油でしょうが、豚ひき肉を炒める。
	11163	豚ひき肉	40	③ にんじん、たまねぎ、たけのこ、しいたけを加えて、さらに炒める。
	6212	にんじん	10	④ 煮る。
	6153	たまねぎ	40	⑤ もやしを加える。
	6149	生たけのこ	20	⑥ 調味料を加えて、味つけする。
	8011	生しいたけ	1.2	⑦ ねぎ、ごま油を加える。
	6289	もやし	40	
	3004	三温糖	1	
	17045	みそ	12	
	17007	濃口しょうゆ	2.5	
	17004	トウバンジャン	0.7	
		中華だし（シャンタン）	1	
	6226	ねぎ	12	
	14002	ごま油	0.5	
		水	40	
ヒジキと みつ葉の 梅サラダ	9031	芽ヒジキ（乾）	1	① ヒジキを洗って、もどす。
	6276	みつ葉	10	② みつ葉は3cmに切り、その他の野菜はせん切りにする。
	6061	キャベツ	15	③ ①②をゆでて、冷却する。
	6065	きゅうり	15	④ ささみを酒蒸しにして、小さくさいて冷却する。
	2017	じゃがいも	20	⑤ 調味料を合わせて、あえる。
	11227	鶏ささみ	10	
	16001	酒	1	
	3003	上白糖	1.2	
	17008	薄口しょうゆ	2.5	
	17016	酢	2.8	
	7022	練り梅	2.5	
	14002	ごま油	1	
アップルケーキ	1015	薄力粉	12	① 小麦粉、ベーキングパウダー、塩、砂糖を合わせて、ふるいにかける。
	17084	ベーキングパウダー	0.4	② りんごは皮つきのまま厚めのいちょう切りにし、プルーンは小さめに刻む。
	3003	上白糖	7	③ ①に小麦胚芽、溶き卵、ヨーグルトを加えて、混ぜ合わせる。
	17012	食塩	0.1	④ なめらかになったら、油を少しずつ加える。
	1070	小麦胚芽	2.8	⑤ ②を加えて、サックリと混ぜ合わせる。
	12004	鶏卵	15	⑥ 180℃で18分を目安に焼く。
	13025	ヨーグルト	10	
	14004	サフラワー油	3	
	7148	りんご	28	
	7082	プルーン（乾）	8	
牛乳	13003	牛乳	206	

料理名	エネルギー kcal	たんぱく質 g	脂質 g	塩分 g	カルシウム mg	マグネシウム mg	鉄 mg	亜鉛 mg	ビタミン A μgRE	ビタミン B1 mg	ビタミン B2 mg	ビタミン C mg	食物繊維 g
ソフトめん	370	9.8	2.0	0	28	25	1.3	0.5	0	0.25	0.05	0	2.3
あん	164	11.2	8.2	2.1	40	32	1.3	1.7	82	0.30	0.14	11	3.0
サラダ	52	3.4	1.1	1.0	33	22	0.9	0.1	23	0.05	0.04	17	1.6
ケーキ	175	4.4	5.3	0.2	37	17	0.8	0.6	27	0.10	0.10	1	1.7
牛乳	138	6.8	7.8	0.2	227	21	0	0.8	78	0.08	0.31	2	0
合計	899	35.6	24.4	3.5	365	117	4.3	3.7	210	0.78	0.64	31	8.6

メッセージ

　旬のりんごでアップルケーキを焼きました。小麦胚芽を加えて食物繊維を増やしてあります。
　食物繊維には私たちのからだにとって大切な働きがあるということが最近の研究でわかってきました。意識してたくさんとるように心掛けましょう。

麦ご飯　**関東煮**　白身魚の野菜あんかけ　茎ワカメのサラダ　みかん　牛乳

献立名	食品番号	材料	分量（g）	作り方
麦ご飯	1083	精白米	70.5	
	1006	押麦	4.5	
		強化米	0.21	
関東煮	17019	カツオ節（だし用）	1.5	① カツオ節と昆布でだしをとる。
	9013	昆布	1.7	② 里芋はひと口大に切る。にんじん、大根は乱切りに、昆布は2cmの色紙切りに、はんぺんは角切りにする。
		水	30	
	2010	里芋	25	③ こんにゃくは乱切りにして、下ゆでる。
	6212	にんじん	17	④ ①に調味料を加えて、味つけする。
	6132	大根	35	⑤ かたい材料から加えて、ゆっくりことこと煮る。
	10385	はんぺん	10	
	2003	こんにゃく	34	＊ だしに使った昆布も食べる。
	3004	三温糖	1.3	＊ 里芋は煮崩れしやすいので気をつける。
	16025	みりん	2.5	
	17007	濃口しょうゆ	3.5	
	17008	薄口しょうゆ	1	
白身魚の野菜あんかけ	10272	メルルーサ・切り身	50	① メルルーサにでんぷんをまぶして、油で揚げる。
	2034	でんぷん	4	② カツオ節でだしをとる。
	14003	揚げ油	4	③ にんじんはせん切りに、えのきたけは1/3に切る、しめじは小房分けにする。
	17019	カツオ節（だし用）	0.2	④ 小松菜はざく切りにして、下ゆでする。
		水	8	⑤ ②に③を加えて、煮る。
	6212	にんじん	5	⑥ 調味料を加えて、味つけする。
	8001	えのきたけ	5	⑦ 水溶きでんぷんで、とろみをつける。
	8016	しめじ	5	⑧ ④を加える。
	6289	もやし	5	⑨ ⑧を①にかける。
	3004	三温糖	0.3	
	16025	みりん	2	
	17007	濃口しょうゆ	1.5	
	2034	でんぷん	0.7	
	6086	小松菜	4	
茎ワカメのサラダ	9046	茎ワカメ（サラダ用）	5	① 茎ワカメは塩抜きして、3cmに切る。
	6160	チンゲン菜	15	② チンゲン菜はざく切りに、大根はせん切りにする。
	6132	大根	26	③ ①②とコーンをゆでて、冷却する。
	6177	ホールコーン（冷）	6	④ あえる。
	17039	和風ドレッシング	4	
みかん	7027	みかん	70	
牛乳	13003	牛乳	206	

料理名	エネルギー kcal	たんぱく質 g	脂質 g	塩分 g	カルシウム mg	マグネシウム mg	鉄 mg	亜鉛 mg	ビタミン AμgRE	ビタミン B₁ mg	ビタミン B₂ mg	ビタミン C mg	食物繊維 g
ご飯	267	4.6	0.7	0.8	4	17	0.7	1.1	0	0.33	0.02	0	0.8
関東煮	58	3.4	0.1	1.0	46	26	0.7	0.2	131	0.06	0.05	7	2.8
白身魚	105	9.3	4.3	0.4	15	23	0.2	0.2	51	0.07	0.06	3	0.7
サラダ	16	0.6	0.1	0.7	25	12	0.3	0.2	26	0.02	0.02	7	1.1
くだもの	32	0.5	0.1	0	15	8	0.1	0.1	59	0.07	0.02	22	0.7
牛乳	138	6.8	7.8	0.2	227	21	0	0.8	78	0.08	0.31	2	0
合計	616	25.2	13.1	3.1	332	107	2.0	2.6	345	0.63	0.48	41	6.1

メッセージ

　関東煮はだしの味をきかせ、煮すぎて材料が崩れてしまわないように注意して煮ました。いろいろな食べ物が入っておいしさがミックスされています。

麦ご飯　きのこの沢煮椀　**じゃがいものそぼろあんかけ**　ごまちくサラダ　牛乳

穀類／いも類／豆類／種実類／野菜類／きのこ類／藻類／単品

献立名	食品番号	材料	分量（g）	作り方
麦ご飯	1083	精白米	76	
	1007	米粒麦	4	
		強化米	0.24	
きのこの沢煮椀	17020	昆布（だし用）	0.6	① しいたけを洗って、もどす。
	6084	ごぼう	10	② 昆布でだしをとる。
	6132	大根	20	③ 野菜はすべてせん切りに、しめじは小房に分け、えのきたけは1/2に切り、しいたけはせん切りにする。
	6212	にんじん	10	
	11155	豚もも肉・せん切り	15	
	16001	酒	1	④ 豚肉に下味をつける。
	8016	しめじ	10	⑤ しらたきは短く切って、下ゆでする。
	8001	えのきたけ	10	⑥ ②に根菜を加えて、煮る。
	8013	しいたけ（乾）	0.8	⑦ きのこと④⑤を加える。
	2005	しらたき	15	⑧ 調味料を加えて、味つけする。
	17008	薄口しょうゆ	3	⑨ ねぎを加える。
	17012	食塩	0.5	＊ しいたけのもどし汁も使う。
	6226	ねぎ	5	
		水	120	
じゃがいものそぼろあんかけ	2017	じゃがいも	40	① 凍り豆腐を洗って、もどす。
	4042	凍り豆腐・角切り	4	② じゃがいもはひと口大の乱切りにする。
	2034	でんぷん	2	③ ②は油で素揚げにする。
	14011	揚げ油	2	④ ①にでんぷんをつけて、油で揚げる。
	14003	炒め油	0.5	⑤ しょうがはすりおろし、にんじん、たまねぎはみじん切りにする。
	6103	しょうが	0.5	
	11230	鶏ひき肉	15	
	6212	にんじん	5	⑥ いんげんはみじん切りにして、下ゆでする。
	6153	たまねぎ	20	
	3004	三温糖	1.5	⑦ 油でしょうが、鶏ひき肉、にんじん、たまねぎを炒める。
	17045	赤みそ	5	
	16001	酒	2	⑧ 調味料を加えて、味つけする。
	17054	みりん風調味料	1	⑨ 水溶きでんぷんで、とろみをつける。
	2034	でんぷん	0.3	⑩ ⑥を加える。
	6011	さやいんげん（冷）	5	⑪ ③④を混ぜ合わせて、あんをかける。
ごまちくサラダ	6263	ブロッコリー	30	① ブロッコリーは小房に分け、きゅうりは小口切りにする。
	6065	きゅうり	20	
	10380	ちくわ（サラダ用）	10	② ちくわは輪切りにして蒸し、冷却する。
	5018	白すりごま	3	③ ごまをから煎りする。
	3004	三温糖	1	④ 調味料を合わせて、あえる。
	17007	濃口しょうゆ	2	
	17012	食塩	0.3	
牛乳	13003	牛乳	206	

料理名	エネルギー kcal	たんぱく質 g	脂質 g	塩分 g	カルシウム mg	マグネシウム mg	鉄 mg	亜鉛 mg	ビタミン A μgRE	ビタミン B₁ mg	ビタミン B₂ mg	ビタミン C mg	食物繊維 g
ご飯	286	4.9	0.8	0	5	18	0.6	1.1	0	0.37	0.03	0	0.7
沢煮椀	50	4.6	1.3	1.0	28	20	0.4	0.6	77	0.21	0.08	4	2.8
そぼろ	137	6.6	5.3	0.6	42	25	0.9	0.5	43	0.07	0.06	16	1.3
サラダ	46	3.9	1.9	0.8	56	50	0.7	0.4	26	0.07	0.09	39	1.9
牛乳	138	6.8	7.8	0.2	227	21	0	0.8	78	0.08	0.31	2	0
合計	657	26.8	17.1	2.6	358	134	2.6	3.4	224	0.80	0.57	61	6.7

メッセージ

　食物繊維と聞くと、長い糸のようなものを想像してしまう人はいませんか？　食物繊維はみなさんのおなかの中をきれいにしてくれるお掃除やさんの役目をしてくれます。今日の給食に使われているきのこ、ごぼう、こんにゃく、ブロッコリーなど食物繊維のたっぷり含まれた食べ物を毎日食べることが大切です。普段から積極的にとるようにしたいですね。しっかり味わって、おなかの中からきれいになりましょう。

ソフトめんのきのこうどん汁　炒り鶏　**さつまいものきんとん**　牛乳

献立名	食品番号	材料	分量（g）	作り方
ソフトめん		ソフトめん	190	
きのこうどん汁	17021	カツオ節（だし用）	2	① カツオ節と昆布でだしをとる。
	17020	昆布（だし用）	0.5	② たまねぎはスライス、にんじんはせん切りに、しめじは小房に分け、えのきたけは1/2に切り、ねぎは小口切りに、焼き豆腐はさいの目切りにする。
	14003	炒め油	0.5	
	11131	豚もも肉・こま切れ	15	
	6153	たまねぎ	25	
	6212	にんじん	10	③ 油で豚肉、にんじん、たまねぎを炒める。
	8016	しめじ	10	④ ①を加えて、煮る。
	8001	えのきたけ	10	⑤ きのこ、焼き豆腐を加える。
	4038	焼き豆腐	25	⑥ 調味料を加えて、味つけする。
	16003	酒	1	⑦ ねぎを加える。
	16025	みりん	0.5	
	17007	濃口しょうゆ	8	
	6226	ねぎ	10	
		水	120	
炒り鶏	14003	炒め油	0.7	① しいたけを洗って、もどす。
	11224	鶏もも肉・こま切れ	24	② 野菜はひと口大の乱切りにする。
	6084	ごぼう	12	③ こんにゃくは乱切りにして、下ゆでする。
	6212	にんじん	12	④ グリンピースを下ゆでする。
	6151	たけのこ（水煮）	12	⑤ 油で鶏肉を炒める。
	2003	こんにゃく	12	⑥ かたい野菜から加えて、さらに炒める。
	8013	しいたけ（乾）	1	⑦ ③を加える。
	3004	三温糖	2	⑧ 調味料を加え味つけして、煮る。
	16003	酒	1.2	⑨ ④を加える。
	16025	みりん	1.2	
	17008	薄口しょうゆ	3.8	
	6025	グリンピース（冷）	3	
さつまいものきんとん	2006	さつまいも	65	① さつまいもを蒸す。
	7117	レーズン	2	② レーズンを蒸す。
	14017	有塩バター	1.8	③ 調味料を加熱する。
	13003	牛乳	15	④ ①に③を加えて、つぶしながら混ぜ合わせる。
	3003	上白糖	2.7	⑤ ②を加える。
	17012	食塩	0.04	
牛乳	13003	牛乳	206	

穀類　いも類　豆類　種実類　野菜類　きのこ類　藻類　単品

料理名	エネルギー kcal	たんぱく質 g	脂質 g	塩分 g	カルシウム mg	マグネシウム mg	鉄 mg	亜鉛 mg	ビタミン AμgRE	B₁ mg	B₂ mg	C mg	食物繊維 g
ソフトめん	281	7.4	1.5	0	21	19	1.0	0.4	0	0.20	0.04	0	2.3
汁	77	6.8	2.8	1.2	54	25	0.9	0.9	76	0.21	0.12	3	1.9
炒り鶏	69	5.7	1.6	1.7	19	17	0.4	0.6	96	0.06	0.06	1	2.3
きんとん	125	1.4	2.2	0.1	44	19	0.5	0.2	18	0.08	0.04	19	1.6
牛乳	138	6.8	7.8	0.2	227	21	0	0.8	78	0.08	0.31	2	0
合計	690	28.1	15.9	3.2	365	101	2.8	2.9	268	0.63	0.57	25	8.1

メッセージ

　今日は、きのこや根っこの野菜、さつまいもなどを使って、食物繊維がたっぷりとれる献立です。食物繊維はおなかの中を通りながら、毒素を追い出して病気を防ぐすごい力があります。
　欧米の人に比べて、腸の長い日本人は食物繊維がとても大切です。昔から食べてきた和食が一番からだにあった食事なんですよ。

たけのこご飯　うど汁　三色あえ　**煮豆**　牛乳

献立名	食品番号	材料	分量（g）	作り方
たけのこご飯	1083	精白米	65	① 炊飯する。
	1007	米粒麦	8	② たけのこは米ぬかでアク抜きをする。
		水	105	③ たけのこ、にんじんはいちょう切りに、しいたけはせん切りにする。
	11221	鶏もも肉・こま切れ	15	④ さやえんどうはせん切りにして、下ゆでする。
	6212	にんじん	8	⑤ 鶏肉と③を煮る。
	6149	生たけのこ	40	⑥ 調味料を加えて、味つけする。
	8011	生しいたけ	5	⑦ ①に⑥を加えて、混ぜ合わせる。
	3004	三温糖	0.5	⑧ ④を加える。
	16003	酒	2	
	16025	みりん	2	
	17008	薄口しょうゆ	4	
	17012	食塩	0.3	
	6020	さやえんどう	5	
うど汁	6132	大根	20	① 大根はいちょう切りに、ねぎは小口切りにする。
	6014	山うど	20	② うどは乱切りにして、アク抜きする。
	2003	こんにゃく	15	③ 油揚げは短冊切りにして、油抜きする。
	4040	油揚げ	7	④ こんにゃくは短冊切りにして、下ゆでする。
	10164	サバ（水煮缶）	25	⑤ 大根と②③④を煮る。
	17045	白みそ	9	⑥ サバ缶を加える。
	16025	みりん	2	⑦ 調味料を加えて、味つけする。
	17073	七味唐辛子	0.02	⑧ ねぎを加える。
	6226	ねぎ	5	
		水	150	
三色あえ	6212	にんじん	10	① にんじんはせん切りに、にらは3cmに切る。
	6207	にら	10	② ①ともやしをゆでて、冷却する。
	6289	もやし	50	③ ごまはから煎りする。
	3004	三温糖	0.5	④ 調味料を合わせて、あえる。
	17008	薄口しょうゆ	2.2	⑤ のりは天盛とする。
	17015	酢	0.5	
	17012	食塩	0.1	
	5018	白いりごま	1	
	9004	焼きのり・刻み	1	
煮豆	4007	いんげん豆（乾）	15	① いんげん豆は事前に洗って、水に浸してもどしておく。
	3004	三温糖	8	② ①をやわらかく煮る。
				③ 砂糖を3回くらいに分けて加え、味つけして、煮含める。
牛乳	13003	牛乳	206	

料理名	エネルギー kcal	たんぱく質 g	脂質 g	塩分 g	カルシウム mg	マグネシウム mg	鉄 mg	亜鉛 mg	ビタミン A μgRE	B$_1$ mg	B$_2$ mg	C mg	食物繊維 g
ご飯	315	8.8	3.0	0.9	15	29	0.9	1.7	69	0.12	0.10	7	2.9
うど汁	107	7.9	5.5	1.3	109	29	1.2	0.7	0	0.04	0.11	4	1.6
あえ物	25	2.1	0.5	0.5	32	17	0.5	0.3	255	0.05	0.06	10	1.8
煮豆	81	3.0	0.2	0	20	23	0.9	0.4	0	0.08	0.03	0	2.4
牛乳	138	6.8	7.8	0.2	227	21	0	0.8	78	0.08	0.31	2	0
合計	666	28.6	17.0	2.9	403	119	3.5	3.9	402	0.37	0.61	23	8.7

メッセージ

　たけのこがおいしい季節になりました。たけのこは、昨日米ぬかでアク抜きをしておいたものを使いました。
　うどは、○○さんのお家でとれたものです。春の山菜を食べると一年中病気をしないといわれます。うど汁はサバの缶詰と煮る長野県木曽地域の郷土料理です。

コッペパン　チーズディップ　**ポークビーンズ**　アスパラサラダ　いちご　牛乳

献立名	食品番号	材料	分量（g）	作り方
コッペパン		コッペパン	93	
チーズディップ	13033	カッテージチーズ	15	① たまねぎはスライス、パセリはみじん切りにして、ゆでて冷却する。
	10263	ツナフレーク	10	② ツナは油をきる。
	6153	たまねぎ	20	③ ①と②とチーズ、調味料をあえる。
	6239	パセリ	0.5	＊ ③をパンにつけて食べる。
		ハーフマヨネーズ	8	
	17063	黒こしょう	0.02	
ポークビーンズ	14018	無塩バター（炒め用）	0.8	① 大豆を洗って、もどしておく。
	11130	豚もも肉・角切り	10	② ①をやわらかく煮る。
	6212	にんじん	5	③ にんじん、たまねぎ、じゃがいもは1cmの角切りに、パセリはみじん切りにする。
	6153	たまねぎ	25	④ バターで豚肉、にんじん、たまねぎを炒める。
	2017	じゃがいも	35	
	4023	大豆（乾）	15	⑤ じゃがいもを加えて、煮る。
	3004	三温糖	0.3	⑥ ②を加える。
	17036	ケチャップ	10	⑦ 調味料を加えて味つけし、さらに煮る。
	6184	ホールトマト（缶）	5	⑧ パセリを加える。
	17027	コンソメ	0.6	
	17012	食塩	0.4	
	17064	白こしょう	0.02	
	6239	パセリ	1	
		水	30	
アスパラサラダ	6007	アスパラガス	25	① アスパラガスは斜めの小口切りに、きゅうりは小口切りにする。
	6065	きゅうり	20	② ①をゆでて、冷却する。
	10091	花カツオ	0.5	③ 花カツオをから煎りする。
		和風ドレッシング	2	④ あえる。
	17012	食塩	0.3	
	17064	白こしょう	0.02	
いちご	7012	いちご（2個）	30	
牛乳	13003	牛乳	206	

料理名	エネルギー kcal	たんぱく質 g	脂質 g	塩分 g	カルシウム mg	マグネシウム mg	鉄 mg	亜鉛 mg	ビタミン A μgRE	ビタミン B_1 mg	ビタミン B_2 mg	ビタミン C mg	食物繊維 g
パン	278	9.1	3.6	1.3	42	27	0.8	0.1	0	0.14	0.10	0	2.0
ディップ	77	3.9	5.8	0.4	14	7	0.1	0.1	12	0.01	0.03	3	0.3
ビーンズ	140	8.4	4.6	1.0	48	48	1.9	0.9	58	0.26	0.08	17	4.0
サラダ	13	1.4	0.1	0.4	10	5	0.3	0.1	14	0.05	0.05	7	0.7
くだもの	10	0.3	0	0	5	4	0.1	0.1	0	0.01	0.01	19	0.4
牛乳	138	6.8	7.8	0.2	227	21	0	0.8	78	0.08	0.31	2	0
合計	656	29.9	21.9	3.3	346	112	3.2	2.1	162	0.55	0.58	48	7.4

メッセージ

　ポークビーンズは豚肉と豆、たまねぎなどの野菜をトマト味のスープで煮込んだアメリカの家庭料理です。今日は大豆を使用しましたが、いんげん豆で作ることもあります。大豆にはたんぱく質やカルシウムなどのほかに食物繊維が含まれ、おなかの調子をよくする働きがあります。
　チーズディップのディップというのは、パンやクラッカーなどにつけて食べるソースのことをいいます。今日はカッテージチーズにツナフレークと野菜を加えてマヨネーズあえにしました。パンにつけていただきましょう。

穀類 / いも類 / **豆類** / 種実類 / 野菜類 / きのこ類 / 藻類 / 単品

麦ご飯　鶏ごぼうスープ　サワラの香味焼き　春キャベツのごまあえ　**煮豆**　牛乳

献立名	食品番号	材料	分量（g）	作り方
麦ご飯	1083	精白米	76	
	1007	米粒麦	4	
		強化米	0.24	
鶏ごぼうスープ	14003	炒め油	0.8	① ごぼうはささがきにして、あく抜きする。
	11220	鶏むね肉・こま切れ	8	② にんじんはいちょう切りに、たまねぎはスライス、えのきたけは1/2に切り、豆腐はさいの目切り、チンゲン菜はざく切りにする。
	6084	ごぼう	12	
	6212	にんじん	10	
	6153	たまねぎ	15	
	8001	えのきたけ	8	③ 油で鶏肉、根菜を炒める。
	4032	木綿豆腐	25	④ えのきたけ、チンゲン菜の茎を加える。
	17008	薄口しょうゆ	5	⑤ 豆腐を加える。
	17027	コンソメ	0.3	⑥ 調味料を加えて、味つけする。
	17012	食塩	0.25	⑦ チンゲン菜の葉を加える。
	17064	白こしょう	0.03	
	6160	チンゲン菜	8	
		水	120	
サワラの香味焼き	10171	サワラ・切り身	45	① しょうがはすりおろし、ねぎはみじん切りにする。
	6103	しょうが	0.4	
	6226	ねぎ	1.2	② サワラに下味をつける。
	3004	三温糖	0.5	③ 上にごまをふって、焼く。
	16001	酒	0.8	
	17007	濃口しょうゆ	2.5	
	17012	食塩	0.15	
	14002	ごま油	0.5	
	5018	白いりごま	1	
春キャベツのごまあえ	6061	春キャベツ	50	① キャベツは短冊切りにする。
	5018	白すりごま	2	② ①をゆでて、冷却する。
	16025	みりん	1	③ ごまをから煎りする。
	17008	薄口しょうゆ	3	④ 調味料を合わせて、あえる。
煮豆	4007	金時豆（乾）	15	① 金時豆は前日に洗って、一晩水に浸してもどしておく。
	3004	三温糖	8	② ①をやわらかくなるまで煮る。
	17008	薄口しょうゆ	1.5	③ 砂糖を3回くらいに分けて加え、味つけして、煮含める。
	17012	食塩	0.06	
牛乳	13003	牛乳	206	

料理名	エネルギー kcal	たんぱく質 g	脂質 g	塩分 g	カルシウム mg	マグネシウム mg	鉄 mg	亜鉛 mg	ビタミン A μgRE	B₁ mg	B₂ mg	C mg	食物繊維 g
ご飯	286	4.9	0.8	0	5	19	0.6	1.1	0	0.37	0.03	0	0.7
スープ	59	4.5	2.0	1.1	51	23	0.5	0.4	91	0.07	0.05	3	1.7
サワラ	96	9.4	5.4	0.6	19	20	0.5	0.6	5	0.04	0.16	0	0.1
あえ物	29	1.4	1.2	0.7	47	17	0.4	0.2	2	0.03	0.02	21	1.2
煮豆	53	3.1	0.3	0.3	20	24	0.9	0.5	0	0.08	0.03	0	2.9
牛乳	138	6.8	7.8	0.2	227	21	0	0.8	78	0.08	0.31	2	0
合計	661	30.1	17.5	2.9	369	124	2.9	3.6	176	0.67	0.60	26	6.6

メッセージ

　新ごぼうが出回り始めました。香りがとても良いです。ごぼうと鶏肉はとても相性がよいですね。ごぼうは食物繊維がいっぱいでおなかの調子を良くしてくれます。

　今日の煮豆は「金時豆」です。金時とは坂田金時（金太郎）が全身赤くて太っていたことからきていて「赤い」という意味です。豆はでんぷんが主で、たんぱく質、ビタミンB、カルシウム、リンなどが多く含まれています。現代の日本人に不足しがちな食物繊維もたっぷり含まれていて、おなかの調子を良くしてくれます。もっと食べたい豆料理ですが、最近の食卓にあまり登場しなくなってしまった食品のひとつでもあります。みなさんの中でも久しぶりの煮豆という人もいるのではないですか。

ゆかりご飯　ワカメのみそ汁　**カリポリ揚げ**　菜の花のあえ物　牛乳

献立名	食品番号	材料	分量（g）	作り方
ゆかりご飯	1083	精白米	76	① 炊飯する。
	1007	米粒麦	4	② ①にゆかりを混ぜ合わせる。
		ゆかりご飯の素	2	
ワカメのみそ汁	17023	煮干し（だし用）	2	① 煮干しでだしをとる。
	6153	たまねぎ	16	② たまねぎはスライス、にんじん、大根はいちょう切りに、えのきたけは1/2に切り、ねぎは小口切りに、豆腐はさいの目切りに、ワカメはもどす。
	6212	にんじん	8	
	6131	大根	15	
	8001	えのきたけ	15	
	4032	木綿豆腐	25	③ ①に根菜を加えて、煮る。
	17045	白みそ	9	④ えのきたけ、豆腐を加える。
	9040	ワカメ（乾）	0.8	⑤ みそを加えて、味つけする。
	6226	ねぎ	7	⑥ ワカメ、ねぎを加える。
		水	120	
カリポリ揚げ	4023	大豆（乾）	10	① 大豆は前日に洗って、もどしておく。
	2034	でんぷん	4.8	② ①にでんぷんをまぶして、油で揚げる。
	10045	煮干し	3	③ さつまいもは乱切りにする。
	2006	さつまいも	40	④ 煮干し、さつまいもを油で素揚げにする。
	14008	揚げ油	6	⑤ 調味料を加熱して、タレを作る。
	3004	三温糖	5	⑥ ⑤で②④をからめる。
	16001	酒	1	
	16025	みりん	1	
	17007	濃口しょうゆ	2.4	
		水	2	
菜の花のあえ物	6201	菜の花	20	① 菜の花は2cmに切り、にんじんはせん切りに、キャベツは短冊切りにする。
	6212	にんじん	5	
	6061	キャベツ	20	② ①をゆでて、冷却する。
	11176	ロースハム・短冊切り	5	③ ハムを蒸して、冷却する。
	5018	白いりごま	0.5	④ ごまをから煎りする。
	17007	濃口しょうゆ	3	⑤ あえる。
牛乳	13003	牛乳	206	

料理名	エネルギー kcal	たんぱく質 g	脂質 g	塩分 g	カルシウム mg	マグネシウム mg	鉄 mg	亜鉛 mg	ビタミン A μgRE	B1 mg	B2 mg	C mg	食物繊維 g
ご飯	289	5.1	0.8	0.9	11	18	0.7	1.1	307	0.07	0.03	0	0.7
みそ汁	53	3.6	1.6	1.3	57	30	0.8	0.4	62	0.04	0.05	3	2.3
揚げ物	200	6.1	8.2	0.5	108	41	1.7	0.6	8	0.08	0.03	6	2.6
あえ物	29	2.3	1.0	0.6	81	14	0.8	0.2	75	0.05	0.07	19	1.4
牛乳	138	6.8	7.8	0.2	227	21	0	0.8	78	0.08	0.31	2	0
合計	709	23.9	19.4	3.5	484	124	4.0	3.1	530	0.32	0.49	30	7.0

メッセージ

　今日は、歯ごたえが楽しいカリポリ揚げを作りました。大豆は一晩水に浸けて、まわりにでんぷんをつけて揚げ、イリコとさつまいもはそのまま素揚げにしました。おなかの中のおそうじをしてくれる食物繊維たっぷりのお料理です。
　大豆はよくかんで食べると甘みが出てきますよ。味わって食べてみてください。

穀類 / いも類 / 豆類 / 種実類 / 野菜類 / きのこ類 / 藻類 / 単品

えだまめご飯　すまし汁　菊花シュウマイ　五目きんぴら　牛乳

献立名	食品番号	材料	分量（g）	作り方
えだまめご飯	1083	精白米	70	① 油揚げは短冊切りにして、油抜きする。
	1007	米粒麦	3	② ①とチリメンジャコ、調味料、布に包んだ昆布を加えて、炊飯する。
	4040	油揚げ	3	③ むきえだまめは4％の塩水で下ゆでする。
	10055	チリメンジャコ	5	④ ②に③を混ぜ合わせる。
	16001	酒	2	
	16025	みりん	0.5	
	17008	薄口しょうゆ	2.5	
	17012	食塩	0.2	
	17020	昆布（だし用）	0.2	
	6015	むきえだまめ	20	
	17012	食塩（ゆで用）	0.04	
すまし汁	17019	カツオ節（だし用）	1	① しいたけを洗って、もどす。
	6212	にんじん	5	② カツオ節でだしをとる。
	6132	大根	25	③ にんじん、大根は短冊切りに、しいたけはせん切りに、豆腐はさいの目切りに、ねぎは小口切りにする。
	8013	しいたけ（乾）	1	
	4032	木綿豆腐	30	
	17007	濃口しょうゆ	2	④ ①に根菜を加えて、煮る。
	17012	食塩	0.4	⑤ しいたけ、豆腐を加える。
	9040	ワカメ（乾）	0.5	⑥ 調味料を加えて、味つけする。
	6226	ねぎ	10	⑦ ワカメ、ねぎを加える。
		水	150	
菊花シュウマイ	11230	鶏ひき肉	35	① 野菜はみじん切りに、シュウマイの皮はせん切りにする。
	12004	鶏卵	10	② 材料を混ぜ合わせて、よく練る。
	6212	にんじん	5	③ ②をアルミカップに入れ、上に錦糸卵とシュウマイの皮をのせて、蒸す。
	6153	たまねぎ	15	
	6061	キャベツ	20	
	2032	でんぷん	2	
	3003	上白糖	1	
	17012	食塩	0.4	
	17064	白こしょう	0.02	
	14002	ごま油	0.3	
	12018	錦糸卵	10	
	1075	シュウマイの皮	4	
五目きんぴら	14004	炒め油	0.7	① 野菜はすべてせん切りにする。
	6212	にんじん	20	② つきこんにゃくは下ゆでする。
	6084	ごぼう	30	③ さつま揚げは短冊切りにして、油抜きする。
	2003	つきこんにゃく	20	
	10386	さつま揚げ	7	④ 油で①②③を炒める。
	3003	上白糖	2.5	⑤ 調味料を加えて、味つけする。
	16025	みりん	1	⑥ ごまを加える。
	17007	濃口しょうゆ	4	
	5018	白いりごま	1.5	
牛乳	13003	牛乳	206	

料理名	エネルギー kcal	たんぱく質 g	脂質 g	塩分 g	カルシウム mg	マグネシウム mg	鉄 mg	亜鉛 mg	ビタミン A μgRE	B₁ mg	B₂ mg	C mg	食物繊維 g
ご飯	308	8.7	3.0	0.9	39	39	1.2	1.5	11	0.14	0.04	5	1.7
汁	36	2.7	1.3	0.8	51	22	0.4	0.3	41	0.04	0.02	4	1.4
シュウマイ	127	10.4	5.2	0.6	27	17	0.9	0.4	79	0.07	0.15	9	0.8
きんぴら	68	2.1	1.8	0.7	52	27	0.6	0.3	152	0.04	0.04	2	2.8
牛乳	138	6.8	7.8	0.2	227	21	0	0.8	78	0.08	0.31	2	0
合計	677	30.7	19.1	3.2	396	126	3.1	3.3	361	0.37	0.56	22	6.7

メッセージ

　　えだまめは未熟な大豆のことです。豆と野菜の両方の栄養を持っています。特に食物繊維がたくさん含まれていて、おなかの調子を整えてくれます。

コッペパン　ポテトスープ　**おからハンバーグ**　レタスのごまサラダ　牛乳

献立名	食品番号	材料	分量（g）	作り方
コッペパン		コッペパン	93	
ポテトスープ	2017	じゃがいも	40	① じゃがいも、にんじんは厚めのいちょう切りに、たまねぎはスライス、ピーマンはせん切りにする。
	6212	にんじん	10	
	6153	たまねぎ	15	
	17027	コンソメ	0.6	② 根菜を煮る。
	17008	薄口しょうゆ	3	③ 調味料を加えて、味つけする。
	17012	食塩	0.1	④ ピーマンを加える。
	17064	白こしょう	0.02	
	6245	ピーマン	8	
		水	120	
おから　ハンバーグ	14008	炒め油	0.5	① ヒジキを洗って、もどす。
	6153	たまねぎ	30	② たまねぎはみじん切りにする。
	11163	豚ひき肉	30	③ 油で②を炒める。
	11089	牛ひき肉	20	④ 材料を混ぜ合わせて、よく練る。
	4050	おから	16	⑤ 成形して、焼く。
	9031	芽ヒジキ（乾）	1.8	⑥ 調味料を加熱して、タレを作る。
	1079	パン粉	8	⑦ ⑤に⑥をかける。
	12004	鶏卵	8	
	17012	食塩	0.2	
	17074	ナツメグ	0.01	
	17064	白こしょう	0.02	
	3003	上白糖	0.8	
	17036	ケチャップ	8	
	17002	中濃ソース	4	
レタスの　ごまサラダ	6312	レタス	20	① 野菜は食べやすい大きさに切る。
	6119	セロリ	10	② 生扱いのため、洗浄酢で処理する。
	6065	きゅうり	20	③ ごまをから煎りする。
	5018	白いりごま	1.5	④ 調味料を合わせて、あえる。
	17008	薄口しょうゆ	2.5	
	17016	酢	2.5	
	14008	なたね油	1.5	
牛乳	13003	牛乳	206	

料理名	エネルギー kcal	たんぱく質 g	脂質 g	塩分 g	カルシウム mg	マグネシウム mg	鉄 mg	亜鉛 mg	ビタミン A μgRE	B$_1$ mg	B$_2$ mg	C mg	食物繊維 g
パン	278	9.1	3.6	1.3	42	27	0.8	0.1	0	0.14	0.10	0	2.0
スープ	45	1.2	0	0.7	8	12	0.2	0.1	124	0.03	0.01	11	1.2
ハンバーグ	204	13.1	9.4	1.1	62	21	2.5	2.1	32	0.17	0.12	1	3.4
サラダ	32	0.8	2.3	0.4	32	21	0.3	0.2	16	0.02	0	2	0.8
牛乳	138	6.8	7.8	0.2	206	21	0	0.8	78	0.08	0.31	2	0
合計	697	31.0	23.1	3.7	350	102	3.8	3.3	250	0.44	0.54	16	7.4

メッセージ

　おからハンバーグは、不足しがちな食物繊維を多く含むおからとヒジキをたっぷり使いました。普通のハンバーグとほとんど変わらないおいしいハンバーグになりました。特製ソースをかけて食べてください。レタスのごまサラダには、みんなの大好きなセロリも入っていますよ。

穀類 いも類 豆類 種実類 野菜類 きのこ類 藻類 単品

麦ご飯　きのこのみそ汁　麦入り松風焼き　**カレーサラダ**　牛乳

献立名	食品番号	材料	分量（g）	作り方
麦ご飯	1083	精白米	76	
	1007	米粒麦	4	
		強化米	0.24	
きのこのみそ汁	17023	煮干し（だし用）	2.5	① 煮干しでだしをとる。
	8015	しめじ	10	② 小松菜はざく切りにして、下ゆでする。
	8020	なめこ	10	③ しめじは小房に分け、えのきたけは1/3に切る。
	8001	えのきたけ	10	④ ①にきのこを加えて、煮る。
	17045	白みそ	3	⑤ みそを加えて、味つけする。
	17046	赤みそ	4.5	⑥ ワカメと②を加える。
	9040	ワカメ（乾）	1	
	6086	小松菜	10	
		水	150	
麦入り松風焼き	11230	鶏ひき肉・二度挽き	40	① 麦をゆでて、つぶす。
	1007	米粒麦	5	② たまねぎはみじん切りに、にんじんはすりおろす。
	6153	たまねぎ	15	③ 材料を混ぜ合わせて、よく練る。
	6212	にんじん	10	④ 鉄板にのばし、上にごまをかけて、焼く。
	12004	鶏卵	5	⑤ 人数分に切り分ける。
	3004	三温糖	2	
	17044	甘みそ	7	
	16001	酒	1	
	16025	みりん	1	
	5018	白いりごま	0.5	
カレーサラダ	2017	じゃがいも	40	① 大豆を洗って、もどしておく。
	14003	揚げ油	5	② ①をかためにゆでる。
	4023	大豆（乾）	6.5	③ じゃがいもは角切りにして、油で素揚げにする。
	11175	ボンレスハム・角切り	6.5	④ ハムは蒸して、冷ます。
	6212	にんじん	6.5	⑤ にんじん、赤ピーマンは1cmの角切りに、きゅうりは小口切りにする。
	6247	赤ピーマン	4	⑥ ⑤をゆでて、冷却する。
	6065	きゅうり	13	⑦ 調味料を合わせて、あえる。
	3003	上白糖	1.3	
	17015	酢	3.9	
	17061	カレー粉	0.3	
	17012	食塩	0.2	
	17064	白こしょう	0.01	
牛乳	13003	牛乳	206	

料理名	エネルギー kcal	たんぱく質 g	脂質 g	塩分 g	カルシウム mg	マグネシウム mg	鉄 mg	亜鉛 mg	ビタミン A μgRE	ビタミン B_1 mg	ビタミン B_2 mg	ビタミン C mg	食物繊維 g
ご飯	286	4.9	0.8	0	5	19	0.6	1.1	0	0.37	0.03	0	0.7
みそ汁	22	2.1	0.4	1.2	34	22	0.9	0.4	33	0.05	0.10	4	1.9
焼き物	130	10.5	4.4	0.5	26	18	0.9	0.6	100	0.06	0.11	1	1.4
サラダ	123	4.2	6.5	0.4	25	27	0.9	0.4	57	0.15	0.06	26	2.1
牛乳	138	6.8	7.8	0.2	227	21	0	0.8	78	0.08	0.31	2	0
合計	699	28.5	19.9	2.3	317	107	3.3	3.3	268	0.71	0.61	33	6.1

メッセージ

　松風焼きはごまが表面にいっぱいふってあるのに対し、裏が何もふってなくて寂しいことから「うら寂しい松風の音」と詠まれ、これにちなんで名づけられた料理です。今日はその松風焼きに麦を加えてみました。麦を加えることで私たちの食生活で不足しがちな食物繊維をしっかりとることができ、おなかの調子を整えることができます。

なすの七夕おやき　**小豆の七夕おやき**　そうめん汁　塩もみ　メロン　牛乳

献立名	食品番号	材料	分量（g）	作り方
なすの七夕おやき	1018	中力粉（地粉）	50	① 小麦粉と水を混ぜ合わせて、少し寝かせる。
		水	35	
	6191	なす	30	② なすは細かいさいの目切りにして、油を混ぜておく。
	14003	米ぬか油	2	
	3004	三温糖	2	③ 砂糖とみそを混ぜる。
	17045	みそ	9	④ ①の半量を人数分に分け、②と③を入れてくるむ。
小豆の七夕おやき	1018	中力粉（地粉）	50	⑤ ①の残りの半量は、あんこをくるむ。
		水	35	⑥ オーブンで200℃で10分焼いてから180℃で5分焼いて仕上げる。
	4006	粒あん	40	
そうめん汁	17019	カツオ節（だし用）	2	① カツオ節でだしをとる。
	4040	油揚げ	5	② にんじんは短冊切りに、かまぼこはいちょう切りに、しいたけはせん切りに、みつ葉は2cmに切る。
	10379	蒸しかまぼこ	12	
	6212	にんじん	5	
	8011	生しいたけ	8	③ 油揚げは短冊切りにして、油抜きする。
	16001	酒	0.5	④ ①ににんじんを加えて、煮る。
	17008	薄口しょうゆ	4.3	⑤ ③とかまぼこを加える。
	17012	食塩	0.2	⑥ 調味料を加えて、味つけする。
	1043	そうめん（乾）	3	⑦ 半分に折ったそうめんを乾めんのまま加えて、ゆでる。
	6276	みつ葉	10	
		水	170	⑧ みつ葉を加える。
塩もみ	6061	キャベツ	30	① キャベツはざく切りに、きゅうりは小口切りにする。
	6065	きゅうり	20	
	17012	食塩	0.2	② ①をゆでて、冷却する。
				③ 塩でもむ。
メロン	7134	メロン	60	① 1/8に切り分ける。
牛乳	13003	牛乳	206	

料理名	エネルギー kcal	たんぱく質 g	脂質 g	塩分 g	カルシウム mg	マグネシウム mg	鉄 mg	亜鉛 mg	ビタミン A μgRE	B₁ mg	B₂ mg	C mg	食物繊維 g
おやき	234	5.9	3.4	1.1	24	21	0.8	0.5	2	0.08	0.05	1	2.5
おやき	282	6.7	1.1	0	18	18	0.9	0.6	0	0.07	0.03	0	3.7
汁	55	4.1	2.0	1.4	29	22	0.5	0.1	52	0.04	0.06	3	0.9
塩もみ	10	0.6	0.1	0.2	18	7	0.2	0.1	7	0.02	0.02	15	0.7
くだもの	25	0.6	0.1	0	4	7	0.1	0.1	7	0.03	0.01	15	0.3
牛乳	138	6.8	7.8	0.2	227	21	0	0.8	78	0.08	0.31	2	0
合計	744	24.7	14.5	2.9	320	96	2.5	2.2	146	0.32	0.48	36	8.1

メッセージ

　今日は7月7日の七夕にちなんだ「七夕献立」です。
　みなさんのお家では七夕まんじゅうを作りますか？　給食ではふかしまんじゅうではなく、地域食材として地粉を分けていただいたので、その地粉の味を十分に味わうために、粉と水だけで皮を作る「おやき」にしてみました。中身はなすと小豆の2種類です。味わって食べてください。

きのこご飯　すまし汁　**豆腐の寄せ揚げ**　ごまあえ　牛乳

献立名	食品番号	材料	分量（g）	作り方
きのこご飯	1083	精白米	70	① しいたけを洗って、もどす。
	1007	米粒麦	5	② 油揚げは短冊切りにして、油抜きする。
	4040	油揚げ	3	③ ちくわは半月切りに、にんじんは短冊切りに、しめじは小房に分け、しいたけはせん切りに、えのきたけは1/2に切る。
	10381	ちくわ	5	
	6212	にんじん	10	
	8016	しめじ	10	④ さやいんげんは2cmに切って、ゆでて冷却する。
	8013	しいたけ（乾）	1.5	⑤ ②③に調味料を加えて、煮る。
	8001	えのきたけ	5	⑥ 少なめに水加減をし、⑤の煮汁と具を加えて、炊飯する。
	3003	上白糖	3	⑦ ④を加える。
	16001	酒	1	＊ しいたけのもどし汁も使う。
	16025	みりん	1	
	17008	薄口しょうゆ	6	
	6010	さやいんげん	3	
すまし汁	17019	カツオ節（だし用）	2	① カツオ節でだしをとる。
	6212	にんじん	5	② にんじんはせん切りに、ねぎは小口切りにする。
	16001	酒	1.5	③ ①ににんじんを加えて、煮る。
	17008	薄口しょうゆ	4	④ 調味料を加えて、味つけする。
	17012	食塩	0.3	⑤ アサリ、ねぎを加える。
	10283	アサリ（水煮）	10	
	6226	ねぎ	10	
		水	170	
豆腐の寄せ揚げ	4032	木綿豆腐	40	① 豆腐はよく水気をしぼる。
	11230	鶏ひき肉	10	② ヒジキを洗って、もどす。
	6212	にんじん	10	③ にんじんはせん切りに、たまねぎはみじん切りにし、しょうがはすりおろす。
	6153	たまねぎ	20	
	6103	しょうが	0.4	④ 材料を混ぜ合わせて、よく練る。
	9031	芽ヒジキ（乾）	2	⑤ ひとり1個ずつに成形し、170℃～180℃の油で揚げる。
	12004	鶏卵	4	
	2034	でんぷん	5	⑥ 調味料を加熱して、タレを作る。
	17012	食塩	0.2	⑦ ⑥で⑤をからめる。
	17065	こしょう	0.02	
	14011	揚げ油	5	
	3003	上白糖	3	
	16025	みりん	1	
	17007	濃口しょうゆ	4	
ごまあえ	6267	ほうれん草	50	① 野菜はざく切りにする。
	6233	白菜	20	② ①をゆでて、冷却する。
	5018	白いりごま	1	③ ごまをから煎りして、すり鉢ですりつぶす。
	3003	上白糖	1	
	17007	濃口しょうゆ	3	④ 調味料を合わせて、あえる。
牛乳	13003	牛乳	206	

料理名	エネルギー kcal	たんぱく質 g	脂質 g	塩分 g	カルシウム mg	マグネシウム mg	鉄 mg	亜鉛 mg	ビタミン A μgRE	B$_1$ mg	B$_2$ mg	C mg	食物繊維 g
ご飯	316	7.3	2.0	1.1	21	31	1.2	1.3	76	0.13	0.07	1	2.7
汁	20	2.3	0.2	1.0	16	9	3.8	0.3	39	0	0.01	1	0.3
揚げ物	146	6.0	7.9	0.9	88	33	1.8	0.4	91	0.07	0.08	2	1.7
あえ物	25	1.7	0.7	0.4	47	43	1.3	0.5	177	0.07	0.12	22	1.8
牛乳	138	6.8	7.8	0.2	227	21	0	0.8	78	0.08	0.31	2	0
合計	645	24.1	18.6	3.6	399	137	8.1	3.3	461	0.35	0.59	28	6.5

メッセージ

　今日の献立は、秋の味覚のきのこがたくさん入ったご飯です。それぞれのきのこの香り、食感を味わいながらおいしくいただきましょう。
　また、豆腐の寄せ揚げは、給食室でひとつひとつていねいに揚げて作りました。毎日食べてほしい海藻のヒジキを寄せ揚げの中に入れてみましたが、味のほうはいかがですか？　秋の味と手作りの味、どちらも残さず食べてくださいね。

食パン　クリーミービーンズスープ　鶏肉の照り焼ききのこソース　コーンサラダ　牛乳

穀類　いも類　豆類　種実類　野菜類　きのこ類　藻類　単品

献立名	食品番号	材料	分量（g）	作り方
食パン	1027	食パン	93	
クリーミービーンズスープ	14017	バター（炒め用）	1	① たまねぎはスライス、にんじんはいちょう切りにする。
	6153	たまねぎ	40	② バターでたまねぎを炒める。
	6212	にんじん	8	③ にんじんを加えて、煮る。
	6017	むきえだまめ	10	④ えだまめ、コンソメを加えて、さらに煮込む。
	17025	コンソメ	0.8	⑤ 牛乳でビーンズピューレを溶いて、加える。
	17012	食塩	0.4	
	17064	白こしょう	0.02	
	4008	ビーンズピューレ	25	
	13003	牛乳	25	
		水	60	
鶏肉の照り焼ききのこソース	11224	鶏もも肉・切り身	40	① 鶏肉に下味をつける。
	17012	食塩	0.1	② しいたけを洗って、もどす。
	17064	白こしょう	0.02	③ しいたけはせん切りに、えのきたけは1/2に切り、しめじは小房分けにする。
	8013	しいたけ（乾）	0.1	④ ③を調味料でひと煮立ちさせる。
	8001	えのきたけ	10	⑤ カップに①を入れ、④をかけてオーブンで蒸し焼きにする。
	8016	しめじ	10	
	16001	酒	1	
	16025	みりん	2	
	17008	薄口しょうゆ	3	
	17012	食塩	0.1	
		紙カップ	1個	
コーンサラダ	6212	にんじん	8	① にんじんはせん切りに、キャベツは短冊切りにする。
	6061	キャベツ	30	② ①とコーンをゆでて、冷却する。
	6177	ホールコーン（冷）	15	③ 調味料を合わせて、あえる。
	3003	三温糖	0.5	
	17015	酢	2	
	17012	食塩	0.2	
	17064	白こしょう	0.03	
	14004	サフラワー油	1	
牛乳	13003	牛乳	206	

料理名	エネルギー kcal	たんぱく質 g	脂質 g	塩分 g	カルシウム mg	マグネシウム mg	鉄 mg	亜鉛 mg	ビタミン A μgRE	ビタミン B₁ mg	ビタミン B₂ mg	ビタミン C mg	食物繊維 g
食パン	278	9.1	3.6	1.3	42	27	0.8	0.1	0	0.14	0.10	0	2.0
スープ	94	4.7	2.8	0.4	61	26	0.9	0.6	77	0.10	0.08	6	4.9
鶏肉	58	8.3	1.6	0.8	3	14	0.5	0.9	7	0.07	0.13	2	0.8
サラダ	36	0.8	1.3	0.2	14	9	0.2	0.3	63	0.03	0.02	11	1.1
牛乳	138	6.8	7.8	0.2	227	21	0	0.8	78	0.08	0.31	2	0
合計	604	29.7	17.1	2.9	347	97	2.4	2.7	225	0.42	0.64	21	8.8

メッセージ

　今日のスープは何が基本になっていると思いますか？　みなさんの苦手な豆なんです。今日はクリーミーなスープに変身しました。たまねぎもしっかり炒めて甘みを出しました。きっとみなさんが大好きな味に仕上がったと思いますよ。

穀類 / いも類 / 豆類 / 種実類 / 野菜類 / きのこ類 / 藻類 / 単品

ツナまめご飯　**田舎汁**　白身魚のマヨネーズ焼き　さつまいもと切り昆布の煮物　牛乳

献立名	食品番号	材料	分量（g）	作り方
ツナまめご飯	1083	精白米	66.5	① 炊飯する。
	1007	米粒麦	3.5	② ヒジキを洗って、もどす。
		強化米	0.21	③ 大豆、ヒジキ、ツナフレークは調味料と一緒に煮て、水分を飛ばす。
	4024	ゆで大豆	10	④ ①に③を混ぜ合わせる。
	9031	芽ヒジキ（乾）	0.8	
	10263	ツナフレーク	15	
	3004	三温糖	1	
	16001	酒	1	
	17007	濃口しょうゆ	5	
田舎汁	10045	煮干し（だし用）	2.5	① 煮干しでだしをとる。
	6132	大根	35	② 大根、にんじんはいちょう切りに、ごぼうはささがきにする。
	6212	にんじん	15	③ 厚揚げは短冊切りにして、油抜きする。
	6084	ごぼう	10	④ 小松菜はざく切りにして、下ゆでする。
	4039	厚揚げ	25	⑤ ①に②を加えて、煮る。
	17045	白みそ	9	⑥ ③を加える。
	6086	小松菜	10	⑦ みそを加えて、味つけする。
		水	120	⑧ ④を加える。
白身魚の	10205	タラ・角切り	45	① たまねぎはスライス、にんじんはせん切りにする。
マヨネーズ焼き	6153	たまねぎ	15	② マヨネーズソースを混ぜ合わせる。
	6212	にんじん	5	③ タラをカップに入れ、②をのせて焼く。
	17043	マヨネーズ	6	
	1079	パン粉	0.5	
		パセリ・粉末	0.15	
		紙カップ	1個	
さつまいもと	9017	昆布・刻み	2.5	① 昆布は水でもどす。
切り昆布の	2006	さつまいも	40	② さつまいもは厚めのいちょう切りに、ちくわは半月切りにする。
煮物	10381	ちくわ	5	③ ①②をひたひたの水加減で煮て、いもがやわらかくなったら火を止めて、味を含ませる。
	3004	三温糖	2	
	16001	酒	1	
	16025	みりん	1	
	17007	濃口しょうゆ	3	
		水	20	
牛乳	13003	牛乳	206	

料理名	エネルギー kcal	たんぱく質 g	脂質 g	塩分 g	カルシウム mg	マグネシウム mg	鉄 mg	亜鉛 mg	ビタミン A μgRE	B1 mg	B2 mg	C mg	食物繊維 g
ご飯	318	9.1	4.9	0.8	24	40	1.3	1.2	3	0.31	0.04	0	1.6
田舎汁	67	3.9	2.8	1.1	91	30	1.4	0.6	140	0.05	0.04	9	2.2
白身魚	83	8.4	4.4	0.2	19	13	0.1	0.2	50	0.05	0.06	2	0.2
煮物	76	1.5	0.2	0.8	36	26	0.6	0.1	3	0.05	0.03	13	1.6
牛乳	138	6.8	7.8	0.2	227	21	0	0.8	78	0.08	0.31	2	0
合計	682	29.7	20.1	3.1	397	130	3.4	2.9	274	0.54	0.48	26	5.6

メッセージ

　大豆の中には、カルシウム、鉄、食物繊維など、成長期のみなさんにぜひ食べてもらいたい栄養素が多く入っています。今日は、そんなステキな大豆をご飯に入れました。ツナの味がしっかりついていて、ちょっと食べにくい大豆やヒジキも気にならずに食べられるといいですね。よくかんで、味わっていただきましょう。

中学校

麦ご飯　けんちん汁　戻りガツオの照り焼き　**鉄火みそ**　梨　牛乳

献立名	食品番号	材料	分量（g）	作り方
麦ご飯	1084	胚芽精白米	95	
	1007	米粒麦	5	
けんちん汁	17023	煮干し（だし用）	3	① 煮干しでだしをとる。
	14002	炒め油	1	② つきこんにゃくは下ゆでする。
	2003	つきこんにゃく	20	③ 豆腐は粗めにつぶし、里芋、大根、にんじんは厚めのいちょう切りに、ごぼうはささがき、しめじは小房に分け、ねぎは小口切りにする。
	4032	木綿豆腐	25	
	2010	里芋	15	
	6132	大根	10	
	6212	にんじん	10	④ 油で根菜を炒める。
	6084	ごぼう	15	⑤ ①を加えて、煮る。
	8015	しめじ	5	⑥ ②、豆腐、しめじを加える。
	17008	薄口しょうゆ	6.5	⑦ 調味料を加えて、味つけする。
	17012	食塩	0.5	⑧ ねぎを加える。
	6226	ねぎ	5	
		水	120	
戻りガツオの照り焼き	10086	戻りガツオ・切り身	50	① カツオに下味をつける。
	16001	酒	1	② 焼く。
	16025	みりん	2	
	17007	濃口しょうゆ	3	
鉄火みそ	14005	炒め油	2	① 大豆を洗って、もどしておく。
	11115	豚かた肉・こま切れ	20	② ①をかためにゆでる。
	6153	たまねぎ	30	③ たまねぎはスライス、にんじんはいちょう切りに、なすは半月切りに、ピーマンはせん切りにする。
	6212	にんじん	10	
	4023	大豆（乾）	10	
	6191	なす	40	④ 油で豚肉を炒める。
	6245	ピーマン	5	⑤ 野菜を加えて、さらに炒める。
	3004	三温糖	3	⑥ ②を加える。
	17045	みそ	9	⑦ 調味料を加えて、味つけする。
	16025	みりん	2.5	⑧ 水溶きでんぷんで、とろみをつける。
	2034	でんぷん	1	
梨	7088	二十世紀梨	80	① 1/4に切り分ける。
牛乳	13003	牛乳	206	

穀類　いも類　**豆類**　種実類　野菜類　きのこ類　藻類　単品

料理名	エネルギー kcal	たんぱく質 g	脂質 g	塩分 g	カルシウム mg	マグネシウム mg	鉄 mg	亜鉛 mg	ビタミン A μgRE	B₁ mg	B₂ mg	C mg	食物繊維 g
ご飯	355	6.2	1.0	0	6	23	0.9	1.4	0	0.09	0.02	0	0.9
汁	59	3.0	2.1	1.0	57	25	0.6	0.3	76	0.06	0.05	3	2.4
カツオ	76	13.5	0.3	0.5	8	27	1.2	0.5	3	0.08	0.11	0	0
鉄火	165	9.1	7.3	1.1	51	47	1.6	1.1	82	0.25	0.11	8	3.9
くだもの	34	0.2	0.2	0	2	4	0	0.1	0	0.02	0	2	0.7
牛乳	138	6.8	7.8	0.2	227	21	0	0.8	78	0.08	0.31	2	0
合計	827	38.8	18.7	2.8	351	147	4.3	4.2	239	0.58	0.60	15	7.9

メッセージ

　5月には総合学習で、各果樹園に分かれて梨の花摘み作業で一日汗を流しましたね。　お疲れ様でした。その時の梨が収穫を迎えました。みなさんの努力の結晶です。よく味わって食べてください。

中学校

ご飯　豆腐のみそ汁　**豆と野菜の五目煮**　じゃがいものごま酢あえ　牛乳

側見出し：穀類／いも類／**豆類**／種実類／野菜類／きのこ類／藻類／単品

献立名	食品番号	材料	分量（g）	作り方
ご飯	1083	精白米	105	
		強化米	0.3	
豆腐のみそ汁	17023	煮干し（だし用）	10	① 煮干しでだしをとる。
	6153	たまねぎ	20	② たまねぎは厚めのスライス、まいたけは小房に分け、豆腐はさいの目切りにする。
	8028	まいたけ	10	③ ①にたまねぎを加えて、煮る。
	4032	木綿豆腐	30	④ まいたけ、豆腐を加える。
	17045	白みそ	10	⑤ みそを加えて、味つけする。
	9044	ワカメ（乾）	0.8	⑥ ワカメを加える。
		水	150	
豆と野菜の五目煮	14008	炒め油	1	① 昆布、大豆、しいたけを洗って、もどしておく。
	11154	豚もも肉・角切り	30	② 大豆をかためにゆでる。
	9020	昆布・刻み	2.8	③ にんじん、ごぼう、れんこん、しいたけは1cmの角切りにする。
	4023	大豆（乾）	10	④ こんにゃくは短冊切りにして、下ゆでする。
	6212	にんじん	15	⑤ 油揚げは短冊切りにして、油抜きする。
	6084	ごぼう	15	⑥ 油で材料を炒める。
	6317	れんこん	15	⑦ 調味料を加えて、煮る。
	2003	こんにゃく	15	＊しいたけのもどし汁も使う。
	8013	しいたけ（乾）	0.8	
	4040	油揚げ	5	
	3004	三温糖	3	
	16002	酒	1.5	
	16025	みりん	1	
	17008	薄口しょうゆ	5	
		水	10	
じゃがいものごま酢あえ	2017	じゃがいも	50	① 野菜はせん切りにする。
	6212	にんじん	5	② ①をゆでて、冷却する。
	6061	キャベツ	25	③ ごまをから煎りする。
	5018	白いりごま	1.5	④ 調味料を合わせて、あえる。
	3003	上白糖	0.5	
	17008	薄口しょうゆ	3	
	17015	酢	3	
	17012	食塩	0.2	
牛乳	13003	牛乳	206	

料理名	エネルギー kcal	たんぱく質 g	脂質 g	塩分 g	カルシウム mg	マグネシウム mg	鉄 mg	亜鉛 mg	ビタミン A μgRE	ビタミン B₁ mg	ビタミン B₂ mg	ビタミン C mg	食物繊維 g
ご飯	375	6.4	0.9	0	5	24	0.8	1.5	0	0.46	0.04	0	0.5
みそ汁	51	4.1	2.1	1.4	57	29	0.8	0.4	5	0.06	0.08	2	1.5
五目煮	176	11.8	7.7	1.1	92	74	2.0	1.1	206	0.27	0.09	3	5.4
あえ物	60	1.6	1.1	0.7	33	21	0.4	0.3	39	0.07	0.03	28	1.5
牛乳	138	6.8	7.8	0.2	227	21	0	0.8	78	0.08	0.31	2	0
合計	800	30.7	19.6	3.4	414	169	4.0	4.1	328	0.94	0.55	35	8.9

メッセージ

秋になると、ごぼうなどの根菜の煮物がおいしくなりますね。大豆も入って食物繊維がたっぷりなので、からだの中がすっきりする煮物ですよ。味わって食べてくださいね。

ご飯　みそ汁　**おからの袋煮**　れんこんの辛子マヨネーズ　牛乳

献立名	食品番号	材料	分量（g）	作り方
ご飯	1083	精白米	80	
みそ汁	17023	煮干し（だし用）	2.5	① 煮干しでだしをとる。
	6048	かぼちゃ	30	② かぼちゃ、大根は厚めのいちょう切りに、
	6132	大根	20	たまねぎは厚めのスライス、ねぎは小口
	6153	たまねぎ	20	切りにする。
	17045	白みそ	10	③ ①に野菜を加えて、煮る。
	9040	ワカメ（乾）	0.5	④ みそを加えて、味つけする。
	6226	ねぎ	10	⑤ ワカメ、ねぎを加える。
		水	130	
おからの袋煮	4040	油揚げ（小揚げ・1枚）	20	① しいたけを洗って、もどす。
	4051	┌ おから	5	② しいたけ、たけのこ、にんじんはみじん
	11230	│ 鶏ひき肉	20	切りにする。
	8013	│ しいたけ（乾）	1	③ 材料を混ぜ合わせる。
	6151	│ たけのこ（水煮）	10	④ 油揚げの中に③を詰める。
	6212	└ にんじん	5	⑤ ④の口をスパゲッティでとじる。
	1063	スパゲッティ	1	⑥ 調味料を煮立てて煮汁を作る。
	3003	上白糖	4	⑦ ⑤を加えて、煮含める。
	16025	みりん	3	＊ コトコトゆっくり煮る。
	17008	薄口しょうゆ	4	＊ しいたけのもどし汁も使う。
	17028	和風だしの素	0.5	
		水	40	
れんこんの辛子マヨネーズ	6317	れんこん	30	① れんこん、にんじんはいちょう切りに、
	6212	にんじん	5	水菜は3cmに切り、セロリは小口切りに、
	6072	水菜	5	キャベツは短冊切りにする。
	6119	セロリ	10	② ①をゆでて、冷却する。
	6061	キャベツ	20	③ 粉からしをお湯で溶く。
	17057	┌ 粉からし	0.05	④ 調味料を合わせて、あえる。
	17042	│ マヨネーズ	10	
	17012	└ 食塩	0.02	
牛乳	13003	牛乳	206	

料理名	エネルギー kcal	たんぱく質 g	脂質 g	塩分 g	カルシウム mg	マグネシウム mg	鉄 mg	亜鉛 mg	ビタミン A μgRE	ビタミン B₁ mg	ビタミン B₂ mg	ビタミン C mg	食物繊維 g
ご飯	285	4.9	0.7	0	4	18	0.6	1.1	0	0.06	0.02	0	0.4
みそ汁	61	2.4	0.7	1.3	31	27	0.6	0.2	102	0.03	0.04	18	2.6
袋煮	151	9.1	8.5	0.8	70	38	1.1	0.6	46	0.05	0.06	0	1.5
あえ物	100	1.3	7.5	0.2	32	12	0.4	0.1	47	0.04	0.03	26	1.5
牛乳	138	6.8	7.8	0.2	227	21	0	0.8	78	0.08	0.31	2	0
合計	735	24.5	25.2	2.5	364	116	2.7	2.8	273	0.26	0.46	46	6.0

メッセージ

　豆腐を作る時、豆乳をこしてしぼったカスを「おから」といいます。別の名前で「きらず」「うの花」ともいいます。おからは食物繊維がたくさん含まれており、腸の働きを良くしてくれます。

丸パン　切り干し大根のスープ　**大豆のメンチボール**　ブロッコリーのサラダ　いちごジャム　牛乳

穀類　いも類　**豆類**　種実類　野菜類　きのこ類　藻類　単品

献立名	食品番号	材料	分量（g）	作り方
丸パン		丸パン	93	
切り干し大根のスープ	6136	切り干し大根	5	① 切り干し大根を洗って、もどす。
	11183	ベーコン・短冊切り	5	② にんじんはせん切りに、たまねぎはスライス、しめじは小房分けにする。
	6212	にんじん	5	③ 小松菜はざく切りにして、下ゆでする。
	6153	たまねぎ	20	④ ①②、ベーコンを煮て、調味料を加える。
	8016	しめじ	8	⑤ ③を加える。
	17008	薄口しょうゆ	1	
	17027	コンソメ	0.5	
	17012	食塩	0.5	
	17064	白こしょう	0.03	
	6086	小松菜	10	
		水	120	
大豆のメンチボール	4023	大豆（乾）	10	① 大豆を洗って、もどしておく。
	11131	豚ももひき肉	20	② ①をかためにゆでる。
	6061	キャベツ	10	③ キャベツ、たまねぎはみじん切りにする。
	6153	たまねぎ	15	④ 材料を混ぜ合わせて、よく練る。
	13010	スキムミルク	2	⑤ 肉だんごのようにひと口大に丸めながら、油で揚げる。（一人2個ぐらい）
	1114	上新粉	2	⑥ 調味料を加熱して、タレを作る。
	17012	食塩	0.3	⑦ ⑥を⑤にからめる。
	17064	白こしょう	0.03	＊ 大豆は刻んでもそのままでもよい。
	14003	揚げ油	4	
	17036	ケチャップ	3	
	17002	中濃ソース	2	
ブロッコリーのサラダ	6263	ブロッコリー	30	① ブロッコリーは小房に分け、きゅうりは小口切りにする。
	6065	きゅうり	20	② ①をゆでて、冷却する。
	10337	スワイガニ（水煮）	8	③ 調味料を合わせて、あえる。
	7156	レモン果汁	2	
	17016	酢	0.5	
	17012	食塩	0.25	
	17064	白こしょう	0.02	
	14004	サフラワー油	1.5	
いちごジャム	7014	いちごジャム	15	
牛乳	13003	牛乳	206	

料理名	エネルギー kcal	たんぱく質 g	脂質 g	塩分 g	カルシウム mg	マグネシウム mg	鉄 mg	亜鉛 mg	ビタミン A μgRE	B$_1$ mg	B$_2$ mg	C mg	食物繊維 g
丸パン	278	9.1	3.6	1.3	42	27	0.8	0.1	0	0.14	0.11	0	2.0
スープ	48	1.7	1.2	1.2	49	16	0.8	0.2	64	0.07	0.04	9	1.9
メンチ	138	9.0	7.1	0.5	57	33	1.1	0.8	3	0.28	0.10	5	2.2
サラダ	34	2.8	1.7	0.3	21	13	0.5	0.7	26	0.05	0.07	40	1.5
ジャム	30	0.1	0	0	2	1	0.1	0	0	0	0	2	0.2
牛乳	138	6.8	7.8	0.2	227	21	0	0.8	78	0.08	0.31	2	0
合計	666	29.5	21.4	3.5	398	111	3.3	2.6	171	0.62	0.63	58	7.8

メッセージ

　　最近「豆」があまり食べられていないようです。豆には食物繊維がたくさん含まれているので、ぜひみなさんに食べてほしい食品のひとつです。今日はその大豆をみなさんが大好きなミートボールの中に入れてみました。なかなかおいしいでしょう。しっかり食べて、食物繊維をしっかりとりましょう。

中学校

麦ご飯　えのきたけのフワフワスープ　サバのピリ辛焼き　**大豆と根菜のごま煮**　みかん　牛乳

献立名	食品番号	材料	分量（g）	作り方
麦ご飯	1083	精白米	100	
	1007	米粒麦	5	
		強化米	0.32	
えのきたけの フワフワスープ	17019	カツオ節（だし用）	1	① カツオ節と昆布でだしをとる。
	17020	昆布（だし用）	1	② じゃがいもは厚めのいちょう切りに、え
	2017	じゃがいも	15	のきたけは1/2に切り、豆腐はさいの
	8001	えのきたけ	25	目切りに、チンゲン菜はざく切りにする。
	4032	木綿豆腐	20	③ ①にじゃがいもを加えて、煮る。
	17008	薄口しょうゆ	3	④ えのきたけ、豆腐を加える。
	17012	食塩	0.6	⑤ 調味料を加えて、味つけする。
	17064	白こしょう	0.02	⑥ 水溶きでんぷんで、とろみをつける。
	2034	でんぷん	0.5	⑦ 溶き卵を流し入れる。
	12004	鶏卵	15	⑧ チンゲン菜を加える。
	6160	チンゲン菜	12	
		水	130	
サバのピリ辛焼き	10158	サバ・切り身	60	① しょうが、にんにく、たまねぎ、りんご
	6103	しょうが	1	はすりおろして調味料と混ぜる。
	6223	にんにく	0.3	② サバに①で下味をつける。
	6153	たまねぎ	6	③ 焼く。
	7148	りんご	10	＊ できるだけ漬け込んだタレを上にのせて
	3004	三温糖	1	焼くようにする。
	16001	酒	1.5	
	17008	薄口しょうゆ	4	
	17004	トウバンジャン	0.5	
大豆と根菜の ごま煮	14004	炒め油	0.5	① ごぼう、れんこん、にんじんは乱切りに
	6084	ごぼう	25	する。
	6317	れんこん	25	② 油で①を炒める。
	6212	にんじん	15	③ 調味料を加えて、15分ほど煮る。
	16001	酒	2	④ 大豆、豚肉を加えアクを取りながら煮て、
	16025	みりん	2.5	肉の色が変わったら練りごまを加え、汁
	17007	濃口しょうゆ	4.5	けが無くなり野菜がやわらかくなるまで
	4024	ゆで大豆	20	煮込む。
	11115	豚かた肉・こま切れ	10	⑤ ごまを加える。
		練りごま	3	
	5018	白いりごま	1	
		水	20	
みかん	7027	みかん	80	
牛乳	13003	牛乳	206	

料理名	エネルギー kcal	たんぱく質 g	脂質 g	塩分 g	カルシウム mg	マグネシウム mg	鉄 mg	亜鉛 mg	ビタミン				食物繊維 g
									AμgRE	B_1 mg	B_2 mg	C mg	
ご飯	374	6.5	1.0	0	6	24	0.9	1.5	0	0.49	0.04	0	0.9
スープ	62	4.8	2.4	1.4	50	25	1.0	0.5	43	0.11	0.14	8	1.4
サバ	137	12.8	7.3	0.9	7	23	0.8	0.6	15	0.09	0.18	0	0.3
煮物	156	7.9	8.1	0.7	120	73	1.7	1.5	115	0.21	0.09	14	5.1
くだもの	37	0.6	0.1	0	17	9	0.2	0.1	67	0.08	0.02	26	0.8
牛乳	138	6.8	7.8	0.2	227	21	0	0.8	78	0.08	0.31	2	0
合計	904	39.4	26.7	3.2	427	175	4.6	5.0	318	1.06	0.78	50	8.5

メッセージ

　　根っこの野菜や豆類は、最近の私たちの食卓になかなかのぼらなくなった食品です。
　　これらの食品はかみごたえもあり、食物繊維がたっぷり含まれています。
　　今日は根っこの野菜と大豆を使って煮物を作りました。ごまの風味がおいしいですよ。

麦ご飯　おざんざ汁　おから入り松風焼き　**うどのごまあえ**　牛乳

献立名	食品番号	材料	分量（g）	作り方
麦ご飯	1083	精白米	70	
	1007	米粒麦	10	
おざんざ汁	17019	カツオ節（だし用）	2	① カツオ節と昆布でだしをとる。
	17020	昆布（だし用）	0.5	② たまねぎはスライス、にんじんは短冊切りに、しいたけはせん切りにする。
	1041	おざんざ・乾めん	10	③ ごぼうはささがきにして、あく抜きする。
	4040	油揚げ	5	④ 油揚げは短冊切りにして、油抜きする。
	6212	にんじん	5	⑤ 小松菜はざく切りにして、下ゆでする。
	6084	ごぼう	10	⑥ おざんざは半分に折って、ゆでる。
	6153	たまねぎ	20	⑦ ①に②③を加えて、煮る。
	8011	生しいたけ	5	⑧ 調味料を加えて、味つけする。
	16001	酒	1	⑨ ④⑤⑥を加える。
	16025	みりん	0.5	※ おざんざ…塩を使わず、納豆の酵素をつなぎに用いた乾麺（長野県特産）。
	17008	薄口しょうゆ	5	
	17012	食塩	0.4	
	6086	小松菜	10	
		水	120	
おから入り松風焼き	4051	おから	12	① しょうがはすりおろし、ねぎはみじん切りにする。
	11163	豚ひき肉	50	② 材料を混ぜ合わせてよく練り、天板にしきつめる。
	12004	鶏卵	4	③ けしの実を上にふって、オーブンで焼く。（190℃　20分）
	6103	しょうが	0.5	④ 人数分に切り分ける。
	6226	ねぎ	4	
	1079	パン粉	2	
	17045	白みそ	6	
	16025	みりん	1.8	
	5015	けしの実（乾）	0.4	
うどのごまあえ	6267	ほうれん草	10	① ほうれん草はざく切りに、うどは短冊切りにする。
	6289	もやし	20	② ①ともやしをゆでて、冷却する。
	6012	うど	20	③ ごまをから煎りする。
	5018	白すりごま	3	④ 調味料を合わせて、あえる。
	3004	三温糖	0.5	
	17008	薄口しょうゆ	2.5	
牛乳	13003	牛乳	206	

料理名	エネルギー kcal	たんぱく質 g	脂質 g	塩分 g	カルシウム mg	マグネシウム mg	鉄 mg	亜鉛 mg	ビタミン A μgRE	B$_1$ mg	B$_2$ mg	C mg	食物繊維 g
ご飯	283	5.0	0.8	0	6	19	0.7	1.1	0	0.08	0.02	0	1.3
汁	80	3.4	1.8	1.8	50	28	0.8	0.2	64	0.07	0.05	7	1.7
焼き物	156	11.7	9.1	0.8	30	22	1.2	1.6	12	0.33	0.14	1	2.0
あえ物	30	1.4	1.6	0.4	45	23	0.6	0.4	35	0.03	0.04	7	1.3
牛乳	138	6.8	7.8	0.2	227	21	0	0.8	78	0.08	0.31	2	0
合計	687	28.3	21.1	3.2	358	113	3.3	4.1	189	0.59	0.56	17	6.3

メッセージ

　うどは春の香りがたっぷりつまっている日本原産の山菜です。もともとは山に自生していたうどをとって食べていたのが始まりで、17世紀に入って畑などに土寄せして栽培するようになりました。自生しているものより長くてやわらかいうどを栽培することができます。
　今日は食物繊維もしっかりとれるように、ごまと一緒にうどのごまあえにしました。うどで春の恵みを味わいましょう。

レーズンパン　野菜スープ　三色揚げ煮　**かぼちゃのアーモンドサラダ**　牛乳

献立名	食品番号	材料	分量（g）	作り方
レーズンパン		コッペパン	93	
	7117	干しぶどう	13	
野菜スープ	11183	ベーコン・短冊切り	7	① しいたけを洗って、もどす。
	6233	白菜	25	② 白菜、にんじんは短冊切りに、えのきたけは1/2に切り、しいたけはせん切りにする。
	6212	にんじん	10	
	8001	えのきたけ	10	
	8013	しいたけ（乾）	0.5	③ 小松菜はざく切りにして、下ゆでする。
	17024	チキンスープ	5	④ ベーコンをから煎りする。
	16023	酒	1	⑤ ②の野菜を加えて、煮る。
	17008	薄口しょうゆ	3.5	⑥ 調味料を加えて、味つけする。
	17012	食塩	0.4	⑦ 水溶きでんぷんで、とろみをつける。
	17064	白こしょう	0.04	⑧ ③を加える。
	2034	でんぷん	1.4	
	6086	小松菜	10	
		水	140	
三色揚げ煮	11224	鶏もも肉・角切り	25	① しょうがはすりおろし、にんじん、ピーマンはせん切りにする。
	17069	しょうが	0.3	
	16023	酒	0.8	② 鶏肉に下味をつける。
	17007	濃口しょうゆ	0.3	③ にんじん、ピーマンはゆでて、冷却する。
	2034	でんぷん	3	④ さつまいもは角切りにし、油で素揚げにする。
	2006	さつまいも	25	
	14003	揚げ油	2.5	⑤ ②にでんぷんをまぶして、油で揚げる。
	6212	にんじん	5	⑥ 調味料を加熱して、タレを作る。
	6245	ピーマン	8	⑦ ⑥で③④⑤をからめる。
	3004	三温糖	1	
	17045	白みそ	1	
	17054	みりん風調味料	0.4	
	17036	ケチャップ	7.2	
	17002	中濃ソース	1.2	
かぼちゃのアーモンドサラダ	6061	キャベツ	15	① キャベツは短冊切りに、かぼちゃはいちょう切りに、きゅうりは小口切りにする。
	6048	かぼちゃ	25	
	6065	きゅうり	15	
	5001	アーモンド・スライス	3	② ①をゆでて、冷却する。
	17016	酢	0.5	③ アーモンドをから煎りする。
	17043	マヨネーズ	8	④ 調味料を合わせて、あえる。
	17012	食塩	0.1	
	17064	白こしょう	0.04	
牛乳	13003	牛乳	206	

料理名	エネルギー kcal	たんぱく質 g	脂質 g	塩分 g	カルシウム mg	マグネシウム mg	鉄 mg	亜鉛 mg	ビタミン AμgRE	ビタミン B₁ mg	ビタミン B₂ mg	ビタミン C mg	食物繊維 g
パン	285	8.3	3.5	1.1	42	26	1.2	0.7	0	0.22	0.11	0	2.5
スープ	48	2.1	2.7	1.1	32	11	1.5	0.3	104	0.08	0.06	11	1.4
揚げ煮	118	5.3	3.6	0.6	16	16	0.5	0.6	51	0.06	0.07	15	1.0
サラダ	100	1.7	7.5	0.3	23	21	0.3	0.2	92	0.04	0.06	19	1.7
牛乳	138	6.8	7.8	0.2	227	21	0	0.8	78	0.08	0.31	2	0
合計	689	24.2	25.1	3.3	340	95	3.5	2.6	325	0.48	0.61	47	6.6

メッセージ

　アーモンドはアメリカのカリフォルニアや、南ヨーロッパでよく採れる木の実です。香りや風味がよいのでお菓子によく使われています。アーモンドは大きく分けると2種類に分けられます。ビター（苦味）種とスイート（甘味）種があり、ビター種はアーモンドオイルに使われ、スイート種は料理に使われます。アーモンドはピーナッツと似ているようにも思えますが、食物繊維はピーナッツの約1.4倍含まれています。アーモンドを4粒食べると0.5gの食物繊維がとれますよ。

麦ご飯　なめこ汁　**さつまいもと栗の甘辛あえ**　ごぼうサラダ　牛乳

穀類 / いも類 / 豆類 / 種実類 / 野菜類 / きのこ類 / 藻類 / 単品

献立名	食品番号	材料	分量（g）	作り方
麦ご飯	1083	精白米	76	
	1006	押麦	4	
		強化米	0.24	
なめこ汁	17023	煮干し（だし用）	2	①煮干しでだしをとる。
	6212	にんじん	10	②にんじん、大根は厚めのいちょう切りに、
	6132	大根	20	ねぎは小口切りにする。
	8020	なめこ	20	③①に根菜を加えて、煮る。
	17045	白みそ	8	④なめこを加える。
	9040	ワカメ（乾）	0.3	⑤みそを加えて、味つけする。
	6226	ねぎ	10	⑥ワカメ、ねぎを加える。
さつまいもと栗の	2006	さつまいも	40	①さつまいもは乱切りにする。
甘辛あえ	5010	むき栗・1/2カット	15	②①、栗、イリコを油で素揚げにする。
		ミニチリン	3	③えだまめを下ゆでする。
	14003	揚げ油	3	④ごまをから煎りする。
	6017	むきえだまめ	10	⑤調味料を加熱する。
	5018	黒いりごま	1	⑥⑤に水溶きでんぷんでとろみをつけて、
	3004	三温糖	3	タレを作る。
	16025	みりん	1	⑦⑥で②③④をからめる。
	17007	濃口しょうゆ	5	
	2034	でんぷん	0.5	
ごぼうサラダ	6212	にんじん	3	①にんじんはせん切りにする。
	6084	ごぼう	40	②ごぼうはささがきにして、あく抜きする。
	10354	さきイカ	10	③①②をゆでて、冷却する。
	17043	マヨネーズ	15	④さきイカをから煎りする。
				⑤あえる。
牛乳	13003	牛乳	206	

料理名	エネルギー kcal	たんぱく質 g	脂質 g	塩分 g	カルシウム mg	マグネシウム mg	鉄 mg	亜鉛 mg	ビタミン A μgRE	B$_1$ mg	B$_2$ mg	C mg	食物繊維 g
ご飯	286	4.9	0.8	0	5	18	0.6	1.1	0	0.37	0.03	0	0.7
汁	36	2.9	0.6	1.2	66	20	0.8	0.3	78	0.02	0.03	3	2.0
あえ物	153	4.0	4.6	0.9	56	35	0.9	0.5	10	0.10	0.04	20	2.3
サラダ	156	5.7	11.1	1.0	24	33	0.6	1.0	31	0.04	0.05	1	2.4
牛乳	138	6.8	7.8	0.2	227	21	0	0.8	78	0.08	0.31	2	0
合計	769	24.3	24.9	3.3	378	127	2.9	3.7	197	0.61	0.46	26	7.4

メッセージ

　栗とさつまいもを使って、秋をいっぱい味わってもらおうと甘辛あえにしました。
　副菜のごぼうのサラダにも食物繊維がたくさん含まれています。
　栗、さつまいもも食物繊維がたくさんあります。今日は、おなかのお掃除をしてくれる食物繊維満載メニューです。

おはぎ　すまし汁　すき焼き風煮　梨　牛乳

献立名	食品番号	材料	分量（g）	作り方
おはぎ	1083	精白米（もち）	60	① 炊飯する。
	1083	精白米（うるち）	20	② ①をつぶす。
	5004	えごま	5	③ えごまをから煎りする。
	3003	上白糖	2	④ ③をすり鉢であたり、調味料と合わせる。
	17012	食塩	0.1	⑤ きなこと調味料を合わせる。
	49029	きなこ	3	⑥ ②をひとり2個に丸め、④⑤をそれぞれつけ、おはぎを作る。
	3003	上白糖	4	
	17012	食塩	0.1	
すまし汁	17019	カツオ節（だし用）	1	① カツオ節でだしをとる。
	6212	にんじん	10	② 焼き麩を洗って、ぬるま湯でふやかす。
	6153	たまねぎ	15	③ にんじんはせん切りに、たまねぎはスライス、えりんぎは斜め半月切りにする。
	8024	えりんぎ	10	④ ほうれん草はざく切りにして、下ゆでする。
	12003	うずら卵（水煮）	20	⑤ ①ににんじん、たまねぎを加えて、煮る。
	16023	酒	1	⑥ えりんぎ、うずらの卵を加える。
	17008	薄口しょうゆ	4.0	⑦ 調味料を加えて、味つけする。
	17012	食塩	0.2	⑧ ②④を加える。
	1068	焼き麩	2	
	6267	ほうれん草	10	
		水	130	
すき焼き風煮	14003	炒め油	0.4	① にんじんは斜め半月切りに、えのきたけは1/2に切り、白菜はざく切りに、ねぎは斜め小口切りにする。
	11126	豚もも肉・スライス	30	② しらたきは短く切って、下ゆでする。
	6212	にんじん	10	③ 油で豚肉、にんじんを炒める。
	2004	しらたき	30	④ ②と白菜、えのきたけ、水を加えて、煮る。
	6233	白菜	40	⑤ 調味料を加えて、味つけする。
	8001	えのきたけ	15	⑥ ねぎを加える。
	3003	上白糖	1.5	
	16023	酒	2	
	17007	濃口しょうゆ	6	
	6226	ねぎ	15	
		水	30	
梨	7088	梨	60	① 1/4に切り分ける。
牛乳	13003	牛乳	206	

料理名	エネルギー kcal	たんぱく質 g	脂質 g	塩分 g	カルシウム mg	マグネシウム mg	鉄 mg	亜鉛 mg	ビタミン AμgRE	B₁ mg	B₂ mg	C mg	食物繊維 g
おはぎ	348	6.9	3.6	0.2	32	37	1.7	1.4	0	0.11	0.04	0	1.9
汁	68	5.4	3.1	1.0	23	18	1.1	0.8	207	0.05	0.13	5	1.3
すき焼き	118	8.7	5.9	0.9	81	27	1.1	1.3	158	0.28	0.14	11	2.7
くだもの	26	0.2	0.1	0	1	3	0	0.1	0	0.01	0	2	0.5
牛乳	138	6.8	7.8	0.2	227	21	0	0.8	78	0.08	0.31	2	0
合計	698	28.0	20.5	2.3	364	106	3.9	4.4	443	0.53	0.62	20	6.4

メッセージ

　今日の献立は、秋の収穫を祝う秋らしい献立です。
　主食は「えごま」と「きなこ」を使ったおはぎです。長野県佐久地域では、えごまのことを「いぐさ」と呼んでいます。ごまとはちょっと違う香りや味がして、佐久の郷土料理の味として昔から親しまれてきました。えごまにはリノレン酸という、からだにとってもよい植物性の油が含まれています。おいしくいただきましょう。

ほうとう　**芋もち**　ヒジキと大豆のツナサラダ　りんご　牛乳

献立名	食品番号	材料	分量（g）	作り方
ほうとう	1039	ほうとうめん（ソフトめん）	140	
	17023	煮干し（だし用）	2	① 煮干しでだしをとる。
		水	200	② にんじん、大根はいちょう切りに、かぼちゃは2cmの角切りに、ねぎは斜めの小口切りにする。
	11224	鶏もも肉・こま切れ	10	
	6212	にんじん	10	③ 油揚げは短冊切りにして、油抜きする。
	6046	かぼちゃ	30	④ ①に鶏肉、にんじん、かぼちゃ、大根を加えて、煮る。
	6132	大根	10	
	4040	油揚げ	3	⑤ ③を加える。
	17045	白みそ	8	⑥ みそを加えて、味つけする。
	9040	ワカメ（乾）	0.2	⑦ ワカメ、ねぎを加える。
	6226	ねぎ	10	
芋もち	2017	じゃがいも	40	① えごまをから煎りし、ミキサーにかけ調味料で味つけする。
	2034	でんぷん	10	② じゃがいもは乱切りにして、ゆでる。
	5004	えごま	5	③ ②をつぶす。
	3004	三温糖	2	④ ③にでんぷんを加え、よく練りながらなめらかにする。
	17012	食塩	0.1	⑤ ④を3cmくらいの棒状にのばし、厚さ8mmくらいに切る。
				⑥ ⑤をゆでる。
				⑦ ⑥に①をつけていただく。
ヒジキと大豆のツナサラダ	10264	ツナフレーク	10	① ヒジキを洗って、もどす。
	6061	キャベツ	20	② ヒジキ、大豆は調味料を加えて、煮る。
	6212	にんじん	10	③ キャベツは短冊切りに、にんじんはせん切りに、きゅうりは斜めの半月切りにする。
	6065	きゅうり	10	
	4028	ゆで大豆	10	④ ③をゆでて、冷却する。
	9031	芽ヒジキ（乾）	1	⑤ あえる。
	3304	三温糖	0.2	
	17054	みりん	0.2	
	17007	濃口しょうゆ	0.3	
	17008	薄口しょうゆ	2	
	17043	マヨネーズ	8	
りんご	7148	りんご	40	① 1/4に切り分ける。
牛乳	13003	牛乳	206	

料理名	エネルギー kcal	たんぱく質 g	脂質 g	塩分 g	カルシウム mg	マグネシウム mg	鉄 mg	亜鉛 mg	ビタミン A μgRE	B₁ mg	B₂ mg	C mg	食物繊維 g
ほうとう	460	14.5	11.4	1.6	101	38	1.5	0.7	238	0.15	0.09	8	3.9
芋もち	98	1.5	2.2	0.1	22	21	1.1	0.3	0	0.05	0.02	7	1.5
サラダ	113	4.4	10.3	0.5	38	14	1.2	0.2	70	0.04	0.04	5	1.9
くだもの	22	0.1	0	0	1	1	0	0	1	0.01	0	2	0.6
牛乳	138	6.8	7.8	0.2	227	21	0	0.8	78	0.08	0.31	2	0
合計	831	27.3	31.7	2.4	389	95	3.8	2.0	387	0.33	0.46	24	7.9

メッセージ

　今日は、芋もちを作りました。まわりについている「えごま」は長野県富士見の本郷地区で作っていて郷土料理のひとつです。しっかり食べて、元気なからだをつくりましょう。

五目ご飯　すまし汁　つみれの磯辺揚げ　**ふろふき大根のくるみみそがけ**　牛乳

献立名	食品番号	材料	分量（g）	作り方
五目ご飯	1083	精白米	70	① 炊飯する。
	11221	鶏もも肉・こま切れ	10	② にんじん、しいたけはせん切りにする。
	4040	油揚げ	6	③ ごぼうはささがきにして、あく抜きする。
	6212	にんじん	10	④ 油揚げはせん切りにして、油抜きする。
	6084	ごぼう	15	⑤ 鶏肉をから煎りする。
	8011	生しいたけ	10	⑥ ②③④と調味料を加えて、煮る。
	3004	三温糖	1	⑦ ①に⑥を混ぜ合わせる。
	16001	酒	2	
	17007	濃口しょうゆ	5	
すまし汁	17019	カツオ節（だし用）	0.5	① カツオ節と昆布でだしをとる。
	17020	昆布（だし用）	0.5	② なるとは半月切りに、えのきたけは1/2に切る。
	10384	なると	10	
	8001	えのきたけ	10	③ 小松菜はざく切りにして、下ゆでする。
	12003	うずらの卵（水煮）	10	④ ①に②を加えて、煮る。
	17007	濃口しょうゆ	5	⑤ うずらの卵を加える。
	17012	食塩	0.1	⑥ 調味料を加えて、味つけする。
	6086	小松菜	20	⑦ ③を加える。
		水	150	
つみれの磯辺揚げ	10383	つみれ	40	① 衣を作る。
	1016	薄力粉	5	② つみれに①をつけて、油で揚げる。
	12004	鶏卵	5	
	5018	白いりごま	3	
	9002	青のり	1	
	14005	揚げ油	4	
ふろふき大根のくるみみそがけ	6132	大根	60	① 大根は調味料で、煮る。
	16025	みりん	1	② くるみをから煎りする。
	17007	濃口しょうゆ	2	③ ②に調味料を加えて、タレを作る。
	5014	くるみ・粉末	10	④ ①に③をかけて食べる。
	3004	三温糖	2	
	17045	みそ	7	
	16001	酒	1	
牛乳	13003	牛乳	206	

料理名	エネルギー kcal	たんぱく質 g	脂質 g	塩分 g	カルシウム mg	マグネシウム mg	鉄 mg	亜鉛 mg	ビタミン A μgRE	ビタミン B₁ mg	ビタミン B₂ mg	ビタミン C mg	食物繊維 g
ご飯	318	8.1	4.0	0.7	34	39	1.1	1.4	80	0.10	0.07	1	2.1
汁	35	2.9	1.4	1.1	42	9	1.2	0.3	100	0.04	0.09	8	0.8
揚げ物	128	6.6	7.9	0.7	71	34	1.6	0.5	22	0.04	0.13	0	0.9
大根	103	2.9	7.4	1.2	31	27	0.7	0.5	0	0.04	0.04	7	1.9
牛乳	138	6.8	7.8	0.2	227	21	0	0.8	78	0.08	0.31	2	0
合計	722	27.3	28.5	3.9	405	130	4.6	3.5	280	0.30	0.64	18	5.7

メッセージ

　地域食材のしいたけと大根をたくさん取り入れたメニューです。
　大根をおいしく食べる料理のひとつに「ふろふき大根」がありますが、熱々の大根にいろいろなタレをかけて食べます。今日は、食物繊維がたくさん含まれているくるみダレにしました。

麦ご飯　筑前煮　サケの塩焼き　**凍り豆腐のごまあえ**　牛乳

献立名	食品番号	材料		分量（g）	作り方
麦ご飯	1083	精白米		73	
	1006	押麦		7	
		強化米		0.24	
筑前煮	17023	煮干し（だし用）		1	① 煮干しでだしをとる。
	11224	鶏もも肉・角切り		20	② しいたけを洗って、もどす。
	6212	にんじん		20	③ にんじん、たけのこ、ごぼう、れんこん、
	6151	たけのこ（水煮）		20	しいたけは乱切りにする。
	6084	ごぼう		20	④ こんにゃくは色紙切りにして、下ゆです
	6317	れんこん		20	る。
	2003	こんにゃく		20	⑤ さやえんどうは下ゆでする。
	8013	しいたけ（乾）		1	⑥ ①に③④を加えて、煮る。
	3004	三温糖		1.5	⑦ 調味料を加えて、煮含める。
	16025	みりん		1	⑧ ⑤を加える。
	17007	濃口しょうゆ		5	＊ しいたけのもどし汁も使う。
	6021	さやえんどう		5	
		水		10	
サケの塩焼き	10130	サケ・切り身（甘塩）		50	① サケを焼く。
凍り豆腐の	4042	┌ 凍り豆腐・色紙切り		4	① 凍り豆腐を洗って、もどす。
ごまあえ	3004	│ 三温糖		0.5	② ①を調味料で煮つけて、冷却する。
	17007	│ 濃口しょうゆ		0.8	③ にんじんはせん切り、ほうれん草はざく
		└ 水		20	切りにする。
	6212	にんじん		10	④ ③をゆでて、冷却する。
	6267	ほうれん草		8	⑤ しらたきは短く切って、ゆでて冷却する。
	2005	しらたき		10	⑥ 炒り卵を作って、冷却する。
	14004	┌ 炒め油		0.2	⑦ ごまをから煎りする。
	12004	└ 鶏卵		10	⑧ 調味料を合わせて、あえる。
	5019	┌ 白すりごま		4	＊ 凍り豆腐は煮すぎないこと。
	3003	│ 上白糖		1.5	
	17007	└ 濃口しょうゆ		2	
牛乳	13003	牛乳		206	

料理名	エネルギー	たんぱく質	脂質	塩分	カルシウム	マグネシウム	鉄	亜鉛	ビタミン				食物繊維
	kcal	g	g	g	mg	mg	mg	mg	AμgRE	B₁ mg	B₂ mg	C mg	g
ご飯	260	5.1	4.5	0	5	19	0.7	1.1	0	0.31	0.02	0	1.1
筑前煮	81	6.6	0.9	0.7	58	29	0.8	0.9	158	0.08	0.10	15	3.5
サケ	102	0.8	6.9	0.9	6	13	0.2	0.3	18	0.08	0.07	1	0
あえ物	55	3.8	2.5	0.4	47	15	0.8	0.4	119	0.03	0.06	3	0.9
牛乳	138	6.8	7.8	0.2	227	21	0	0.8	78	0.08	0.31	2	0
合計	636	23.1	22.6	2.2	343	97	2.5	3.5	373	0.58	0.56	21	5.5

メッセージ

　凍り豆腐は長野県飯田下伊那地域でよく作られています。パサパサして苦手だという人がいるかもしれませんが、よく味をしみこませているのでおいしく食べられます。野菜がたっぷりとれるヘルシー献立なので、たくさん食べてくださいね。

たけのこご飯　みそ汁　サワラの塩焼き　**菜の花のからしあえ**　清美オレンジ　牛乳

献立名	食品番号	材料	分量（g）	作り方
たけのこご飯	1083	精白米	70	① にんじん、たけのこは短冊切りにする。
	1007	米粒麦	5	② 油揚げは短冊切りにして、油抜きする。
	4040	油揚げ	5	③ 材料と調味料を加えて、炊飯する。
	11221	鶏もも肉・こま切れ	10	
	6212	にんじん	10	
	6151	たけのこ（水煮）	25	
	16001	酒	1.5	
	17008	薄口しょうゆ	3	
	17012	食塩	0.2	
みそ汁	17023	煮干し（だし用）	2	① 煮干しでだしをとる。
	2017	じゃがいも	30	② じゃがいもは短冊切りに、たまねぎはスライス、ねぎは小口切りに、えのきたけは1/2に切る。
	6153	たまねぎ	15	
	8001	えのきたけ	12	
	17045	白みそ	8.5	③ ①に根菜を加えて、煮る。
	9044	ワカメ（乾）	0.8	④ えのきたけを加える。
	6226	ねぎ	10	⑤ みそを加えて、味つけする。
		水	140	⑥ ワカメ、ねぎを加える。
サワラの塩焼き	10171	サワラ・切り身	40	① サワラに塩をふって、焼く。
	17012	食塩	0.2	
菜の花のからしあえ	6201	菜の花	40	① 菜の花は3cmに切り、にんじんはせん切りにする。
	6212	にんじん	5	② ①をゆでて、冷却する。
	17057	粉からし	0.15	③ 粉からしを湯で溶く。
	17007	濃口しょうゆ	2	④ 調味料を合わせて、あえる。
	14002	ごま油	0.2	
清美オレンジ	7040	清見オレンジ	40	① 1/4に切り分ける。
牛乳	13003	牛乳	206	

料理名	エネルギー kcal	たんぱく質 g	脂質 g	塩分 g	カルシウム mg	マグネシウム mg	鉄 mg	亜鉛 mg	ビタミン A μgRE	ビタミン B₁ mg	ビタミン B₂ mg	ビタミン C mg	食物繊維 g
ご飯	321	8.4	3.9	0.7	29	32	1.0	1.7	80	0.10	0.05	2	2.0
みそ汁	54	2.5	0.7	1.5	28	22	0.5	0.3	1	0.08	0.04	13	2.0
サワラ	71	8.0	3.9	0.3	5	13	0.3	0.4	5	0.04	0.14	0	0
あえ物	19	2.0	0.3	0.3	66	15	1.2	0.3	110	0.06	0.11	52	1.8
くだもの	18	0.4	0	0	10	4	0.1	0	4	0.03	0.02	24	0.4
牛乳	138	6.8	7.8	0.2	227	21	0	0.8	78	0.08	0.31	2	0
合計	621	28.1	16.6	3.0	365	107	3.1	3.5	278	0.39	0.67	93	6.2

メッセージ

　　今日の菜の花は漬物でおなじみの野沢菜の菜の花です。
　野沢菜は漬物にするほかにもおひたしにしたり、おみそ汁の具にしたりしますね。また、天日に干して乾燥させ、野菜の少ない冬にもどしてお汁の実にしていただいたりもします。
　　春らしい献立です。味わっていただきましょう。

たけのこご飯　すまし汁　ニジマスの塩焼き　大根おろし　ほうれん草ときのこのおひたし　**よもぎだんご**　牛乳

献立名	食品番号	材料		分量（g）	作り方
たけのこご飯	1083	精白米		65	① 炊飯する。
	1006	押麦		3.3	② 煮干しでだしをとる。
		強化米		0.2	③ たけのこは米ぬかであく抜きをして、みじん切りにする。
	17023	煮干し（だし用）		1	④ 油揚げを短冊切りにして、油抜きする。
		水		50	⑤ さやえんどうを下ゆでする。
	6149	生たけのこ		30	⑥ ②に③④と鶏肉を加えて、煮る。
	11220	┌鶏むね肉・こま切れ		10	⑦ 調味料を加えて、味つけする。
	16023	└酒		2	⑧ ①に⑦を加えて、混ぜ合わせる。
	4040	油揚げ		8	⑨ ⑤を加える。
	3003	上白糖		1.5	
	17011	白しょうゆ		5	
	17012	食塩		0.1	
	6020	さやえんどう		5	
すまし汁	17023	煮干し（だし用）		1	① 煮干しと昆布でだしをとる。
	17020	昆布（だし用）		1.5	② にんじん、かまぼこはいちょう切りに、えのきたけは1/2に切り、みつ葉は2cmに切る。
	6212	にんじん		10	③ ①ににんじんを加えて、煮る。
	10379	かまぼこ		10	④ かまぼこ、えのきたけを加える。
	8001	えのきたけ		10	⑤ 調味料を加えて、味つけする。
	16001	酒		1	⑥ みつ葉を加える。
	16025	みりん		1	
	17011	白しょうゆ		4	
	17012	食塩		0.25	
	6276	みつ葉		5	
		水		160	
ニジマスの塩焼き	10148	ニジマス		60	① ニジマスに塩をふって、焼く。
	17012	食塩		0.3	
大根おろし	6132	大根		30	① 大根は丸ごとゆでて、冷却する。
	17007	濃口しょうゆ		2	② ①をおろして、調味料を加える。
	17015	酢		0.8	
ほうれん草ときのこのおひたし	6061	キャベツ		25	① キャベツ、ほうれん草は短冊切りに、しめじは小房に分ける。
	6267	ほうれん草		20	② ①をゆでて、冷却する。
	8016	しめじ		20	③ 花カツオをから煎りする。
	10091	花カツオ		0.5	④ あえる。
	17011	白しょうゆ		2.5	
よもぎだんご	1120	白玉粉		20	① よもぎを重曹を入れた湯でゆでて冷却し、水分をしっかり絞る。
	4033	┌絹ごし豆腐		15	② フードプロセッサーで細かくする。
		│水		6	③ 白玉粉と豆腐を混ぜ合わせて、水を加えながらかたさを調整する。
	6301	│よもぎ		15	④ よもぎを混ぜ合わせ、一口大に丸める。
	4029	┌きなこ		5	⑤ ④をゆでて、冷却する。
	3003	└上白糖		5	⑥ きな粉と上白糖を混ぜ合わせる。
					⑦ ⑥を⑤にからめる。
牛乳	13003	牛乳		206	

料理名	エネルギー kcal	たんぱく質 g	脂質 g	塩分 g	カルシウム mg	マグネシウム mg	鉄 mg	亜鉛 mg	ビタミン A μgRE	ビタミン B_1 mg	ビタミン B_2 mg	ビタミン C mg	食物繊維 g
ご飯	308	9.6	3.7	1.0	38	37	1.0	1.6	3	0.35	0.08	5	1.9
汁	25	2.8	0.1	1.2	15	14	0.2	0.1	83	0.06	0.06	1	0.8
ニジマス	76	11.8	2.8	0.4	14	17	0.1	0.4	10	0.13	0.06	1	0
おろし	6	0.4	0	0.3	8	4	0.1	0.1	0	0.01	0	4	0.4
おひたし	17	1.7	0.3	0.4	22	21	0.6	0.3	71	0.06	0.08	18	1.8
だんご	111	4.6	1.9	0	43	24	1.2	0.6	66	0.07	0.07	5	2.0
牛乳	138	6.8	7.8	0.2	227	21	0	0.8	78	0.08	0.31	2	0
合計	681	37.7	16.6	3.5	367	138	3.2	3.9	311	0.76	0.66	36	6.9

メッセージ

　今日は、こどもの日の献立です。よもぎだんごに使ったよもぎは地域でとれたものです。よもぎがたくさん入り春の香りがいっぱいです。よもぎは食物繊維はもちろん、ほかにも鉄分・ビタミンA、B_1、B_2などが多く含まれています。

麦ご飯　**若竹汁**　カツオのごまみそがらめ　菜の花のからしあえ　美生柑　牛乳

献立名	食品番号	材料	分量（g）	作り方
麦ご飯	1083	精白米	70	
	1007	米粒麦	10	
		強化米	0.23	
若竹汁	17019	カツオ節（だし用）	2	① カツオ節、昆布でだしをとる。
	17020	昆布（だし用）	0.5	② たけのこ、にんじん、かまぼこは短冊切りに、えのきたけは1/2に切る。
		水	130	③ ワカメは塩抜きして、短く切る。
	6150	ゆでたけのこ	20	④ ①に②を加えて、煮る。
	6212	にんじん	10	⑤ 調味料を加えて、味つけする。
	8001	えのきたけ	20	⑥ ③を加える。
	10379	かまぼこ	10	
	16002	酒	1	
	16025	みりん	1	
	17008	薄口しょうゆ	4	
	17012	食塩	0.5	
	9045	塩蔵ワカメ	4	
カツオのごまみそがらめ	10086	春カツオ・角切り	25	① 大豆を洗って、もどしておく。
	6103	しょうが	0.7	② しょうがはすりおろす。
	16003	酒	1.5	③ カツオに下味をつける。
	17008	薄口しょうゆ	1	④ ①③にでんぷんをまぶして、油で揚げる。
	4023	大豆（乾）	10	⑤ ごまをから煎りする。
	2034	でんぷん	11	⑥ 調味料を加熱して、タレを作る。
	14003	揚げ油	4.5	⑦ ⑤⑥で④をからめる。
	5018	白いりごま	1.5	
	3003	上白糖	1.4	
	17046	赤みそ	2	
	17036	ケチャップ	5	
		水	2	
菜の花のからしあえ	6201	菜の花	20	① 菜の花は3cmに切り、きゅうりは斜めの半月切りにする。
	6065	きゅうり	10	② ①ともやしをゆでて、冷却する。
	6289	もやし	30	③ 粉からしを湯で溶く。
	17057	粉からし	0.1	④ 調味料を合わせて、あえる。
	17008	薄口しょうゆ	3	
	17015	酢	0.1	
	17012	食塩	0.1	
美生柑	7112	美生柑	80	① 1/4に切り分ける。
牛乳	13003	牛乳	206	

穀類　いも類　豆類　種実類　野菜類　きのこ類　藻類　単品

料理名	エネルギー kcal	たんぱく質 g	脂質 g	塩分 g	カルシウム mg	マグネシウム mg	鉄 mg	亜鉛 mg	ビタミン A μgRE	B₁ mg	B₂ mg	C mg	食物繊維 g
ご飯	284	4.9	0.7	0	6	19	0.7	1.1	0	0.32	0.02	0	1.4
若竹汁	29	2.8	0.1	1.5	12	10	0.3	0.3	77	0.07	0.05	2	1.9
カツオ	165	10.8	7.4	0.6	49	42	1.6	0.6	4	0.12	0.07	0	2.1
あえ物	14	1.7	0	0.6	39	12	0.7	0.2	39	0.04	0.08	29	1.3
くだもの	32	0.7	0.1	0	13	8	0.2	0.1	11	0.06	0.02	30	1.0
牛乳	138	6.8	7.8	0.2	227	21	0	0.8	78	0.08	0.31	2	0
合計	662	27.7	16.1	2.9	346	112	3.5	3.1	209	0.69	0.55	63	7.7

メッセージ

　　生のたけのこは、4月から5月の初めにかけて、ほんの1ヵ月の間しか食べられません。そんな貴重な生のたけのこを、今日は汁に入れてみました。たけのこには、おなかの中を掃除してくれる食物繊維がたくさん含まれています。

穀類 いも類 豆類 種実類 野菜類 きのこ類 藻類 単品

発芽玄米ご飯　豚汁　アジのつけ焼き　**ぜんまいの炒め煮**　夏みかん　牛乳

献立名	食品番号	材料	分量（g）	作り方
発芽玄米ご飯	1083	精白米	72	
		発芽玄米	8	
豚汁	17023	煮干し（だし用）	3	① 煮干しでだしをとる。
	14011	炒め油	0.8	② じゃがいも、にんじん、大根は厚めのいちょう切りに、ねぎは小口切りにする。
	11119	豚かたロース肉・こま切れ	12	③ ごぼうはささがきにして、アク抜きする。
	2017	じゃがいも	25	④ 油で豚肉、根菜を炒める。
	6212	にんじん	10	⑤ ①を加えて、煮る。
	6084	ごぼう	12	⑥ みそを加えて、味つけする。
	6132	大根	12	⑦ ねぎを加える。
	17046	赤みそ	8	＊ みそを煮ている途中で半分くらい入れると良い。
	6226	ねぎ	8	
		水	120	
アジのつけ焼き	10003	アジ・切り身	40	① アジに下味をつける。
	3004	三温糖	2	② ごまをふって、焼く。
	16025	みりん	2	
	17007	濃口しょうゆ	4	
	5018	白いりごま	0.5	
ぜんまいの炒め煮	17019	カツオ節（だし用）	1	① カツオ節でだしをとる。
		水	20	② にんじんは太めのせん切りに、ぜんまいは3cmに切る。
	14011	炒め油	1	③ しらたきは短く切って、下ゆでする。
	6212	にんじん	10	④ 油揚げは短冊切りにして、油抜きする。
	6123	ぜんまい（水煮）	30	⑤ 油で②③④を炒める。
	2005	しらたき	15	⑥ ①と調味料を加えて、煮る。
	4040	油揚げ	5	＊ 蒸らすようにして、味をしみ込ませる。
	3004	三温糖	2	
	16025	みりん	1	
	17007	濃口しょうゆ	3.5	
夏みかん	7093	夏みかん	50	① 1/4に切り分ける。
牛乳	13003	牛乳	206	

料理名	エネルギー kcal	たんぱく質 g	脂質 g	塩分 g	カルシウム mg	マグネシウム mg	鉄 mg	亜鉛 mg	ビタミン A μgRE	ビタミン B1 mg	ビタミン B2 mg	ビタミン C mg	食物繊維 g
ご飯	284	4.9	0.8	0	5	26	0.8	1.1	0	0.09	0.01	0	0.6
豚汁	89	4.1	3.7	1.2	30	25	0.6	0.6	77	0.14	0.05	11	2.0
アジ	67	8.7	1.7	0.7	18	19	0.4	0.3	4	0.04	0.09	0	0.1
炒め煮	56	2.2	2.8	0.6	38	16	0.5	0.2	76	0.02	0.02	0	2.4
くだもの	20	0.5	0.1	0	8	5	0.1	0.1	4	0.04	0.02	19	0.6
牛乳	138	6.8	7.8	0.2	227	21	0	0.8	78	0.08	0.31	2	0
合計	654	27.2	16.9	2.7	326	112	2.4	3.1	239	0.41	0.50	32	5.7

メッセージ

　山の幸といえばわらびやぜんまいを思い浮かべますね。ぜんまいは若い葉がくるくると巻いて、丸いお金のように見えるため、「銭巻」と呼ばれていたのが、ぜんまいになりました。ちなみに時計に使われているぜんまいは、この植物のぜんまいに似ていたため、そのまま「ゼンマイ」と呼ばれるようになったそうです。ぜんまいはとってすぐには食べられず、アクをとったり、干したりと、大変手間が掛かります。今日のぜんまいは昔ながらの煮物にしてみました。食物繊維もたっぷりですよ。

ピースご飯　きのこのみそけんちん汁　鶏ささみのくるみソース　菜花のおひたし　牛乳

献立名	食品番号	材料	分量（g）	作り方
ピースご飯	1083	精白米	75	① 材料を加えて、炊飯する。
	1005	押し麦	5	
	6023	グリンピース（生）	15	
	17012	食塩	1	
きのこのみそ	17023	煮干し（だし用）	2	① 煮干しでだしをとる。
けんちん汁	14003	炒め油	1	② 豆腐はさいの目切りに、にんじん、大根
	4032	木綿豆腐	25	は厚めのいちょう切りに、ねぎは小口切
	2003	つきこんにゃく	10	りに、えのきたけは1/2に切り、しい
	6212	にんじん	5	たけはせん切りに、しめじ、ひらたけ、
	6132	大根	30	まいたけは小房分けにする。
	6084	ごぼう	10	③ ごぼうはささがきにして、アク抜きする。
	8001	えのきたけ	5	④ つきこんにゃくは下ゆでする。
	8011	生しいたけ	5	⑤ 油で根菜と④を炒める。
	8016	しめじ	10	⑥ ①を加えて、煮る。
	8026	ひらたけ	3	⑦ 豆腐ときのこを加える。
	8028	まいたけ	5	⑧ みそを加えて、味つけする。
	17045	白みそ	8	⑨ ねぎを加える。
	6226	ねぎ	8	
		水	100	
鶏ささみの	11227	鶏ささみ	40	① 鶏ささみに下味をつける。
くるみソース	16003	酒	2.5	② ①に小麦粉とでんぷんをまぶして、油で
	17007	濃口しょうゆ	0.8	揚げる。
	1015	薄力粉	2.5	③ くるみをから煎りして、すりつぶす。
	2034	でんぷん	2	④ 調味料を加熱して③を加え、タレを作る。
	14003	揚げ油	4	⑤ ④で②をからめる。
	5014	くるみ・刻み	2.5	⑥ 青のりをふりかける。
	3004	三温糖	3	
	16003	酒	2	
	17007	濃口しょうゆ	2.5	
	9002	青のり	0.2	
菜花のおひたし	6201	菜の花	40	① 菜の花は3cmに切る。
	6289	もやし	20	② ①ともやしをゆでて、冷却する。
	10091	花カツオ	0.4	③ 花カツオをから煎りする。
	17007	濃口しょうゆ	2.5	④ あえる。
牛乳	13003	牛乳	206	

料理名	エネルギー kcal	たんぱく質 g	脂質 g	塩分 g	カルシウム mg	マグネシウム mg	鉄 mg	亜鉛 mg	ビタミン A μgRE	B$_1$ mg	B$_2$ mg	C mg	食物繊維 g
ご飯	298	6.1	0.9	1.0	8	25	1.0	1.4	5	0.13	0.04	3	2.1
汁	66	4.0	2.8	1.2	62	31	0.8	0.5	38	0.11	0.08	6	2.8
鶏ささみ	131	10.1	6.0	0.5	6	22	0.3	0.3	5	0.05	0.04	1	0.4
おひたし	19	2.6	0.1	0.4	67	16	1.3	0.4	72	0.07	0.12	54	2.0
牛乳	138	6.8	7.8	0.2	227	21	0	0.8	78	0.08	0.31	2	0
合計	652	29.6	17.6	3.3	370	115	3.4	3.4	198	0.44	0.59	66	7.3

メッセージ

　今日は春野菜の菜の花を使ったおひたしです。4月、黄色い花が開いた頃、花や若い茎葉をつんで、菜の花漬けやおひたしにします。おいしい見分け方は、茎が太めで長さがそろっており、切り口がみずみずしく、茎、葉、つぼみ共に鮮やかな緑色をしているものが新鮮です。また、味が良いのはかたいつぼみのうちです。

　今日は目と舌で春の恵みを味わいましょう。

中学校
たけのこご飯　みそ汁　大豆とイリコの揚げ煮　野菜とコーンのサラダ　牛乳

献立名	食品番号	材料	分量（g）	作り方
たけのこご飯	1083	精白米	100	① 炊飯する。
	6150	ゆでたけのこ	30	② たけのこ、にんじんは短冊切りにする。
	6212	にんじん	10	③ ごぼうはささがきにして、アク抜きする。
	6084	ごぼう	10	④ さやえんどうはせん切りにして、ゆでて冷却する。
	11221	鶏もも肉・こま切れ	10	⑤ 油揚げは短冊切りにして、油抜きする。
	4040	油揚げ	5	⑥ 材料に調味料を加えて、煮る。
	3004	三温糖	1	⑦ ①に④⑥を混ぜ合わせる。
	16025	みりん	2	
	17007	濃口しょうゆ	5	
	17012	食塩	0.3	
	6020	さやえんどう	4	
みそ汁	17023	煮干し（だし用）	3	① 煮干しでだしをとる。
	6134	大根	25	② 大根、にんじんはいちょう切りに、豆腐はさいの目切りにする。
	6214	にんじん	5	③ 小松菜はざく切りにして、下ゆでする。
	4032	木綿豆腐	25	④ ①に根菜を加えて、煮る。
	17045	白みそ	10	⑤ 豆腐を加える。
	9040	ワカメ（乾）	0.5	⑥ みそを加えて、味つけする。
	6086	小松菜	10	⑦ ③とワカメを加える。
		水	140	
大豆とイリコの揚げ煮	4023	大豆（乾）	15	① 大豆を洗って、もどしておく。
	2034	でんぷん	3	② ①にでんぷんをまぶして、油で揚げる。
	10045	イリコ	5	③ イリコは油で素揚げにする。
	14004	揚げ油	5	④ ごまをから煎りする。
	5018	白いりごま	0.5	⑤ 調味料を加熱して、タレを作る。
	3003	上白糖	3	⑥ ④⑤で②③をからめる。
	16025	みりん	1	
	17007	濃口しょうゆ	2	
野菜とコーンのサラダ	11176	ロースハム・短冊切り	10	① キャベツは短冊切りに、きゅうりは小口切りに、たまねぎはみじん切りにする。
	6061	キャベツ	25	② ①とコーンをゆでて、冷却する。
	6065	きゅうり	20	③ ハムを蒸して、冷却する。
	6153	たまねぎ	2	④ 粉からしを湯で溶く。
	6176	ホールコーン（冷）	15	⑤ 調味料を合わせて、あえる。
	17057	粉からし	0.04	
	3003	上白糖	0.2	
	17015	酢	1	
	17012	食塩	0.5	
	17064	白こしょう	0.01	
	14004	サフラワー油	2	
牛乳	13003	牛乳	206	

料理名	エネルギー kcal	たんぱく質 g	脂質 g	塩分 g	カルシウム mg	マグネシウム mg	鉄 mg	亜鉛 mg	ビタミン A μgRE	ビタミン B_1 mg	ビタミン B_2 mg	ビタミン C mg	食物繊維 g
ご飯	429	10.5	4.1	1.1	36	45	1.3	2.2	82	0.13	0.08	4	2.6
みそ汁	46	3.4	1.7	1.4	68	27	1.0	0.4	65	0.04	0.03	7	1.5
揚げ煮	154	8.8	8.5	0.5	153	48	2.3	0.9	10	0.13	0.06	0	2.7
サラダ	64	2.7	3.8	0.8	18	15	0.4	0.4	8	0.10	0.05	19	1.2
牛乳	138	6.8	7.8	0.2	206	21	0	0.8	78	0.08	0.31	2	0
合計	831	32.2	25.9	4.0	481	156	5.0	4.7	243	0.48	0.53	32	8.0

メッセージ

　旬のたけのこを使って、「たけのこご飯」を作りました。
　「大豆とイリコの揚げ煮」の大豆は、地元産の「ひとり娘」の大豆を使いました。生産者の方が大切に作った大豆です。生産者の方からのメッセージをお伝えします。「大切に作っていますので、一粒一粒味わって食べてください」。

中学校
ソフトめんの山菜うどん汁　行者にんにくのかき揚げ　野菜のえごまみそあえ　牛乳

献立名	食品番号	材料		分量（g）	作り方
ソフトめん		ソフトめん		250	
山菜うどん汁	17019	カツオ節（だし用）		2	① カツオ節でだしをとる。
	11115	豚かた肉・こま切れ		25	② たまねぎはスライス、白菜は短冊切りに、
	6153	たまねぎ		35	わらびは3cmに切り、しめじは小房分け
	6233	白菜		20	にし、ねぎは小口切りにする。
	8015	しめじ		10	③ 小松菜はざく切りにして、下ゆでする。
	6325	わらび（ゆで）		12	④ ①に豚肉、たまねぎを加えて、煮る。
	16001	酒		2	⑤ 白菜、しめじ、わらびを加える。
	16025	みりん		2	⑥ 調味料を加えて、味つけする。
	17008	薄口しょうゆ		6.5	⑦ ねぎと③を加える。
	17030	めんつゆ（3倍濃厚）		2	⑧ 七味唐辛子を加える。
	17012	食塩		0.1	
	6226	ねぎ		10	
	6086	小松菜		7	
	17073	七味唐辛子		0.03	
		水		120	
行者にんにくの 　　かき揚げ	10353	さきイカ		6	① にんじん、ごぼうはせん切りにする。
	6212	にんじん		5	② 具を混ぜ合わせる。
	6084	ごぼう		35	③ 少しかための衣を作る。
	6071	行者にんにく		10	④ 具から水が出てきたときには天ぷら粉を
	6177	ホールコーン（冷）		15	まぶす。
	1025	天ぷら粉（野菜用）		4	⑤ ④と③を混ぜ合わせる。
	1025	天ぷら粉		12	⑥ 形成しながら、油で揚げる。
	12004	鶏卵		5	
	17012	食塩		0.1	
		水		適宜	
	14005	揚げ油		6	
野菜の 　えごまみそあえ	6212	にんじん		10	① にんじん、キャベツは短冊切りに、ほう
	6267	ほうれん草		13	れん草はざく切りにする。
	6061	キャベツ		30	② ①ともやしをゆでて、冷却する。
	6289	もやし		15	③ えごまをから煎りして、すり鉢ですりつ
	5004	えごま		4	ぶす。
	3004	三温糖		2	④ ③と調味料を加熱して、冷却する。
	17045	白みそ		4.5	⑤ あえる。
	16001	酒		1.3	
	16025	みりん		2	
	17043	マヨネーズ		8.5	
牛乳	13003	牛乳		206	

穀類　いも類　豆類　種実類　野菜類　きのこ類　藻類　単品

料理名	エネルギー kcal	たんぱく質 g	脂質 g	塩分 g	カルシウム mg	マグネシウム mg	鉄 mg	亜鉛 mg	ビタミン A μgRE	ビタミン B₁ mg	ビタミン B₂ mg	ビタミン C mg	食物繊維 g
ソフトめん	370	9.8	2.0	0	28	25	1.3	0.5	0	0.25	0.05	0	2.3
汁	91	6.4	3.8	1.4	38	19	0.8	0.9	23	0.21	0.15	20	2.0
かき揚げ	182	7.5	7.3	0.3	33	39	0.6	0.9	82	0.07	0.08	8	2.8
あえ物	118	2.6	8.3	0.8	47	31	1.5	0.5	128	0.06	0.07	19	2.4
牛乳	138	6.8	7.8	0.2	227	21	0	0.8	78	0.08	0.31	2	0
合計	899	33.1	29.2	2.7	373	135	4.2	3.6	311	0.67	0.66	49	9.5

メッセージ

　地元の食材を使った献立です。行者にんにくは5月上旬の今の季節でしか食べられない食材です。昔、山で修行をしていた行者が食べていたことからこの名がつきました。スタミナ満点の食材です。ごぼうが入ってかみごたえがあり、食物繊維もたっぷり含まれています。よくかんで食べましょう。

中学校
ソフトめんのもやし肉みそラーメン　アスパラのごまあえ　お茶蒸しパン　牛乳

献立名	食品番号	材料	分量（g）	作り方
ソフトめん		ソフトめん	250	
もやし肉みそラーメン	14004	炒め油	1	① しいたけを洗って、もどす。
	6103	しょうが	1.5	② しょうがはみじん切りに、にんじん、しいたけはせん切りに、たまねぎはスライス、たけのこは短冊切りに、ねぎは小口切りにする。
	11163	豚ひき肉	20	
	11230	鶏ひき肉	15	
	6212	にんじん	12	
	6153	たまねぎ	35	③ 油でしょうが、ひき肉を炒める。
	8013	しいたけ（乾）	1	④ 根菜を加えて、さらに炒める。
	6289	もやし	40	⑤ しいたけを加えて、煮る。
	6151	たけのこ（水煮）	10	⑥ もやし、たけのこを加える。
	3004	三温糖	2.6	⑦ 調味料を加えて、味つけする。
	17045	白みそ	12	⑧ 水溶きでんぷんで、とろみをつける。
	16001	酒	2.6	⑨ ねぎを加える。
	16025	みりん	2.6	＊ しいたけのもどし汁も使う。
	17007	濃口しょうゆ	4.5	
	17004	トウバンジャン	0.3	
	17025	中華だし	0.5	
	2034	でんぷん	2	
	6226	ねぎ	12	
		水	130	
アスパラのごまあえ	6007	アスパラガス	40	① アスパラガスは斜めの小口切りに、白菜は短冊切りにする。
	6233	白菜	30	② ①をゆでて、冷却する。
		白ねりごま	2	③ 調味料を加熱して、冷却する。
	5019	白すりごま	3	④ あえる。
	3003	上白糖	1.2	
	17008	薄口しょうゆ	2.5	
お茶蒸しパン	1015	薄力粉	18	① 粉類は合わせてふるう。
	1024	ホットケーキ用・粉	12	② 煎茶は揉んで細かくしておく。
	17084	ベーキングパウダー	0.8	③ ①②と鶏卵、牛乳をよく混ぜ合わせる。
	3003	上白糖	7	④ 鉄板かカップに流す。
	12004	鶏卵	8	⑤ 上に甘納豆をちらして、蒸す。
	13003	牛乳	25	
	16036	煎茶	0.8	
	16035	抹茶	0.1	
	15001	甘納豆	8	
牛乳	13003	牛乳	206	

料理名	エネルギー kcal	たんぱく質 g	脂質 g	塩分 g	カルシウム mg	マグネシウム mg	鉄 mg	亜鉛 mg	ビタミン A μgRE	B$_1$ mg	B$_2$ mg	C mg	食物繊維 g
ソフトめん	370	9.8	2.0	0	28	25	1.3	0.5	0	0.25	0.05	0	2.3
汁	161	10.5	5.9	2.3	40	32	1.3	1.0	99	0.19	0.12	8	3.0
あえ物	74	3.1	5.2	0.4	27	39	1.0	0.8	14	0.19	0.08	12	2.3
蒸しパン	194	4.7	2.6	0.3	72	11	0.7	0.4	43	0.04	0.10	2	1.5
牛乳	138	6.8	7.8	0.2	227	21	0	0.8	78	0.08	0.31	2	0
合計	937	34.9	23.5	3.2	394	128	4.3	3.5	234	0.75	0.66	24	9.1

メッセージ

今日の給食は「春の香り」満載の献立です。春の食材たけのこ、アスパラガス、そして新茶を使った「蒸しパン」の献立です。野菜たっぷりの今日の献立は食物繊維もたっぷりです。最近の日本人の食生活では食物繊維が不足しているそうです。野菜にはその食物繊維がたくさん含まれています。食物繊維を含む飲み物やサプリメントが出回っていますが、やはり食事からきちんととりたいですね。

麦ご飯　そうめん汁　麻婆なす　**ナムル**　梅ゼリー　牛乳

献立名	食品番号	材料	分量（g）	作り方
麦ご飯	1083	精白米	100	
	1007	白麦米	5	
		強化米	0.32	
そうめん汁	17019	カツオ節（だし用）	2	① カツオ節でだしをとる。
	6212	にんじん	10	② なるとは半月切りに、にんじんは短冊切りに、しいたけはせん切りにする。
	8011	生しいたけ	8	
	4040	油揚げ	5	③ 油揚げは短冊切りにして、油抜きする。
	10384	なると	10	④ 小松菜はざく切りにして、下ゆでする。
	17007	濃口しょうゆ	4	⑤ そうめんは1/2に折って、下ゆでする。
	17012	食塩	0.3	⑥ ①ににんじん、しいたけを加えて、煮る。
	1043	そうめん（乾）	5	⑦ ③となるとを加える。
	6086	小松菜	15	⑧ 調味料を加えて、味つけする。
		水	150	⑨ ④⑤を加える。
麻婆なす	14005	炒め油	1.3	① しょうが、にんにくはすりおろし、たまねぎはみじん切りに、なすは横半分に切ってから1/4に切る。
	6103	しょうが	0.6	
	6223	にんにく	0.5	
	11163	豚ひき肉	25	② ピーマンはせん切りにして、下ゆでする。
	6153	たまねぎ	35	③ 油でしょうが、にんにく、豚ひき肉、たまねぎを炒める。
	6191	なす	55	
	3004	三温糖	2.6	④ なすを加えて、さらに炒める。
	17045	みそ	4.4	⑤ 調味料を加えて、味つけする。
	17007	濃口しょうゆ	1.8	⑥ 水溶きでんぷんで、とろみをつける。
	17004	トウバンジャン	0.3	⑦ ②を加える。
		コチュジャン	1.5	
	2034	でんぷん	2.6	
	6245	ピーマン	10	
ナムル	6287	大豆もやし	25	① にんじんはせん切りに、ほうれん草はざく切りにする。
	6212	にんじん	10	
	6267	ほうれん草	20	② ①ともやし、ぜんまいはゆでて、冷却する。
	6123	ぜんまい水煮	15	
	12018	錦糸卵	10	③ 錦糸卵は蒸して、冷却する。
	5018	白いりごま	0.5	④ ごまをから煎りする。
	3004	三温糖	2	⑤ 調味料を合わせて、あえる。
	17008	淡口しょうゆ	4	
	17016	酢	1.2	
	14002	ごま油	1.2	
梅ゼリー	9028	アガー（粉寒天）	2.5	① アガーと砂糖を混ぜ合わせ、水を加えて加熱する。
	3004	三温糖	13	
		水	50	② 軽く沸騰したら、梅ジュースを加える。
	7025	梅ジュース	27	③ カップに流して、冷却する。
牛乳	13003	牛乳	206	

穀類　いも類　豆類　種実類　野菜類　きのこ類　藻類　単品

料理名	エネルギー kcal	たんぱく質 g	脂質 g	塩分 g	カルシウム mg	マグネシウム mg	鉄 mg	亜鉛 mg	ビタミン A μgRE	B₁ mg	B₂ mg	C mg	食物繊維 g
ご飯	374	6.5	1.0	0	6	24	0.9	1.5	0	0.49	0.04	0	0.9
汁	60	3.8	2.0	1.5	51	21	0.8	0.1	115	0.05	0.07	7	1.1
麻婆	124	6.5	5.5	1.1	26	23	0.8	0.8	12	0.20	0.09	14	2.3
ナムル	60	3.1	2.9	0.7	33	27	0.8	0.3	157	0.06	0.09	8	2.4
ゼリー	68	0	0	0	4	2	0.1	0	0	0	0	0	0.4
牛乳	138	6.8	7.8	0.2	227	21	0	0.8	78	0.08	0.31	2	0
合計	824	26.7	19.2	3.5	347	118	3.4	3.5	362	0.88	0.60	31	7.1

メッセージ

　食物繊維は腸の調子を整えます。アンケート調査の結果では40％の児童生徒のみなさんが毎日排便がないと答えています。そのうち5～6％の人が「何日も出ないことがある」と答えています。排便は生活リズムを見直す大切な指標です。食物繊維をしっかりとって、毎日排便ができるよう心掛けましょう。今日の献立のナムルの中のぜんまいに特にたくさん食物繊維が含まれています。

麦ご飯　夏野菜のみそ汁　鉄火みそ　しめじあえ　牛乳

献立名	食品番号	材料	分量（g）	作り方
麦ご飯	1083	精白米	70	
	1006	押麦	10	
夏野菜のみそ汁	17023	煮干し（だし用）	2	① 煮干しでだしをとる。
	6212	にんじん	5	② 凍り豆腐を洗って、もどす。
	6153	たまねぎ	15	③ にんじんはいちょう切りに、たまねぎはスライス、ゆうがおは種を取り除いて角切りにする。
	4042	凍り豆腐・細切り	2.5	
	6173	ゆうがお	20	
	17045	白みそ	11	④ ささげは一口大に切って、下ゆでする。
	6020	ささげ	15	⑤ ①に根菜を加えて、煮る。
		水	140	⑥ ②とゆうがおを加える。
				⑦ みそを加えて、味つけする。
				⑧ ④を加える。
鉄火みそ	14006	炒め油	5	① にんじんは厚めのいちょう切りに、たまねぎはスライス、なすは厚めの半月切りかいちょう切りに、ピーマンは1cmの角切りにする。
	11130	豚もも肉・こま切れ	25	
	6214	にんじん	10	
	6153	たまねぎ	15	
	6191	なす	30	② 油で豚肉と野菜を炒める。
	6245	ピーマン	10	③ 調味料を加えて、味つけする。
	3003	三温糖	2	
	17045	白みそ	6	
	16001	酒	1	
しめじあえ	8015	しめじ	10	① しめじは小房分けにし、小松菜はざく切りに、白菜は短冊切りにする。
	16025	みりん	1	
	17007	濃口しょうゆ	5	② しめじは調味料を加えて煮含め、冷却する。
	6086	小松菜	15	
	6289	もやし	20	③ 野菜はゆでて、冷却する。
	6233	白菜	20	④ あえる。
牛乳	13003	牛乳	206	

料理名	エネルギー kcal	たんぱく質 g	脂質 g	塩分 g	カルシウム mg	マグネシウム mg	鉄 mg	亜鉛 mg	ビタミン AμgRE	B₁ mg	B₂ mg	C mg	食物繊維 g
ご飯	284	4.9	0.7	0	6	19	0.7	1.1	0	0.32	0.02	0	1.4
みそ汁	50	3.4	1.5	1.4	41	17	0.8	0.3	45	0.02	0.03	13	1.6
鉄火	132	6.6	8.0	0.7	19	19	0.5	0.7	82	0.26	0.08	10	1.7
あえ物	16	1.5	0	0.7	39	10	0.8	0.1	41	0.04	0.10	12	1.3
牛乳	138	6.6	7.8	0.2	227	21	0	0.8	80	0.08	0.31	2	0
合計	620	23.0	18.0	3.0	332	86	2.8	3.0	248	0.72	0.54	37	6.0

メッセージ

　今日は、夏野菜をたっぷり使った献立です。
　「鉄火みそ」は長野県の郷土料理でもあります。鉄を火で熱したときのように、みそできれいに色づく料理です。

黒砂糖パン　キャベツのスープ　**かぼちゃとひき肉の重ね蒸し**　モロヘイヤ入りサラダ　りんご　牛乳

献立名	食品番号	材料	分量（g）	作り方
黒砂糖パン		コッペパン	93	
	3001	黒砂糖	13	
キャベツの 　　　スープ	11183	ベーコン・短冊切り	10	① にんじん、キャベツは短冊切りに、たまねぎはスライス、えのきたけは1/2に切り、パセリはみじん切りにする。 ② コンソメスープでベーコンと根菜を煮る。 ③ えのきたけ、キャベツを加える。 ④ 調味料を加えて、味つけする。 ⑤ パセリを加える。
	6212	にんじん	8	
	6153	たまねぎ	15	
	8001	えのきたけ	10	
	6061	キャベツ	30	
	17027	コンソメ	0.2	
	17008	薄口しょうゆ	4	
	17012	食塩	0.1	
	17064	白こしょう	0.01	
	6239	パセリ	1	
		水	120	
かぼちゃと 　ひき肉の 　　重ね蒸し	6048	かぼちゃ	40	① 大豆を洗って、もどしておく。 ② ①をゆでて、ミキサーでつぶす。 ③ かぼちゃは薄切りに、たまねぎはみじん切りにする。 ④ 材料を混ぜ合わせて、よく練る。 ⑤ カップにかぼちゃを1/3入れ、④を1/2のせる。これを2回繰り返す。 ⑥ 最後に残りのかぼちゃをのせる。 ⑦ ⑥に白ワインをかけて、15分蒸す。 ⑧ ⑦の上に、ゆでたパセリをちらす。
	4023	大豆（乾）	5	
	11163	豚ひき肉	20	
	11230	鶏ひき肉	20	
	6153	たまねぎ	10	
	1079	パン粉	3	
	13003	牛乳	3	
	17036	ケチャップ	3	
	17002	中濃ソース	3	
	17012	食塩	0.1	
	17064	白こしょう	0.02	
	16010	白ワイン	1	
	6239	パセリ	0.5	
モロヘイヤ入り 　サラダ	1063	スパゲッティ	10	① モロヘイヤはざく切りに、きゅうりは斜めの半月切りにする。 ② ①をゆでて、冷却する。 ③ スパゲッティをかためにゆでて、冷却する。 ④ ミニトマトは1/2に切る。 ⑤ 調味料を合わせて、あえる。
	6293	モロヘイヤ	5	
	6065	きゅうり	15	
	6183	ミニトマト	15	
	17007	濃口しょうゆ	0.8	
	17012	食塩	0.1	
	17064	白こしょう	0.01	
	14008	なたね油	1.5	
りんご	7148	りんご	50	① 皮をむき、1/4に切り分ける。
牛乳	13003	牛乳	206	

料理名	エネルギー kcal	たんぱく質 g	脂質 g	塩分 g	カルシウム mg	マグネシウム mg	鉄 mg	亜鉛 mg	ビタミン			食物繊維 g
									AμgRE	B₁ mg	B₂ mg	C mg	
パン	324	9.3	3.6	1.3	73	31	1.4	0.2	0	0.15	0.11	0	2.0
スープ	61	2.4	4.0	1.0	23	12	0.4	0.4	69	0.08	0.04	18	1.4
重ね蒸し	160	11.2	6.1	0.4	31	34	1.2	0.9	148	0.21	0.14	19	2.7
サラダ	61	2.0	1.7	0.2	21	13	0.3	0.2	58	0.04	0.04	10	1.0
くだもの	27	0.1	0.1	0	2	2	0	0	1	0.01	0.01	2	0.8
牛乳	138	6.8	7.8	0.2	227	21	0	0.8	78	0.08	0.31	2	0
合計	771	31.8	23.3	3.1	377	113	3.3	2.5	354	0.57	0.65	51	7.9

メッセージ

　　かぼちゃとひき肉の重ね蒸しは、かたいかぼちゃもほっくりとやわらかになり、ひき肉から肉汁が出て、ジューシーに仕上がりました。
　　食物繊維は1日20gを目標にとるようにすると健康にも良いようです。今日の献立では7.9gの食物繊維が含まれています。特にかぼちゃの重ね蒸しに多く含まれています。

麦ご飯　とうがんのスープ　**かぼちゃのコロッケ**　モロヘイヤのおひたし　牛乳

献立名	食品番号	材料		分量（ｇ）	作り方
麦ご飯	1083	精白米		72	
	1007	米粒麦		8	
		強化米		0.24	
とうがんの　　スープ	17019	カツオ節（だし用）		2	① カツオ節でだしをとる。
	14003	炒め油		1	② しいたけを洗って、もどす。
	11130	豚もも肉・こま切れ		10	③ しいたけはせん切りに、とうがんは角切りに、きゅうりは短冊切りに、しょうがはすりおろす。
	16001	酒		1	
	17001	食塩		0.2	
	2034	でんぷん		0.5	④ 豚肉に下味をつけて、でんぷんをまぶす。
	8013	しいたけ（乾）		1	⑤ 油で④を炒める。
	6173	とうがん		30	⑥ ①にしいたけ、とうがんを加えて、煮る。
	10328	むきエビ（冷）		10	⑦ ⑤とむきエビを加える。
	16001	酒		1	⑧ 調味料を加えて、味つけする。
	17012	食塩		0.8	⑨ きゅうり、しょうがを加える。
	17065	こしょう		0.03	⑩ 水溶きでんぷんで、とろみをつける。
	6065	きゅうり		10	＊ しいたけのもどし汁も使う。
	6103	しょうが		0.1	＊ とうがんはゆうがおに変えてもよい。
	2034	でんぷん		2	
		水		140	
かぼちゃの　　コロッケ	4023	大豆（乾）		8	① 大豆を洗って、もどしておく。
	17024	鶏ガラスープ		適宜	② ①をひたひたの鶏ガラスープでやわらかく煮る。
	6046	かぼちゃ		60	
	14017	バター（炒め用）		2	③ かぼちゃは大きく切って蒸し、つぶす。
	11163	豚ひき肉		20	④ たまねぎはみじん切りにする。
	6153	たまねぎ		20	⑤ バターでひき肉、たまねぎを炒める。
	17012	食塩		0.2	⑥ 材料を混ぜ合わせて、成形する。
	17065	こしょう		0.02	⑦ 衣をつけて、油で揚げる。
	1017	薄力粉		6	＊ 大豆は刻んでもそのままでもよい。
	12004	鶏卵		8	
	1079	パン粉		8	
	14003	揚げ油		6	
モロヘイヤの　　おひたし	6293	モロヘイヤ		10	① モロヘイヤはざく切りに、白菜は短冊切りに、赤ピーマンはせん切りにする。
	6233	白菜		40	
	6247	赤ピーマン		3	② ①ともやしをゆでて、冷却する。
	6291	もやし		30	③ カツオ節でだしをとり、しょうゆを加えて冷却する。
	17019	カツオ節（だし用）		0.2	
		水		2	④ あえる。
	17007	濃口しょうゆ		3	
牛乳	13003	牛乳		206	

料理名	エネルギー kcal	たんぱく質 g	脂質 g	塩分 g	カルシウム mg	マグネシウム mg	鉄 mg	亜鉛 mg	ビタミン A μgRE	B_1 mg	B_2 mg	C mg	食物繊維 g
ご飯	284	4.9	0.7	0	5	19	0.7	1.1	0	0.36	0.02	0	1.2
スープ	54	4.5	2.0	1.1	15	10	0.3	0.3	4	0.10	0.04	13	0.9
コロッケ	192	10.4	7.6	0.3	45	38	1.6	1.2	222	0.30	0.15	12	3.9
あえ物	18	1.7	0.1	0.4	47	13	0.4	0.3	90	0.04	0.08	22	1.5
牛乳	138	6.8	7.8	0.2	227	21	0	0.8	78	0.08	0.31	2	0
合計	686	28.3	18.2	2.0	339	101	3.0	3.7	394	0.88	0.60	49	7.5

メッセージ

　　コロッケには、味のよい西山大豆をいれました。「えっ！大豆が入っているの？」と思うかもしれませんが、食べやすく刻んでありますのでおいしく食べられますよ。大豆はおなかの掃除をしてくれる食物繊維がたっぷりです。「おいしく食べて、おなかも快調」のすぐれものですね。

中学校

ご飯　かぼちゃのみそ汁　鶏肉の松風焼き　**五目きんぴら**　牛乳

献立名	食品番号	材料	分量（g）	作り方
ご飯	1083	米	110	
		強化米	0.33	
かぼちゃの みそ汁	17023	煮干し（だし用）	2	① 煮干しでだしをとる。
	6048	かぼちゃ	30	② かぼちゃは厚めのいちょう切りに、たまねぎはスライス、なすは厚めの半月切りに、えのきたけは1/2に切る。
	6153	たまねぎ	20	
	6191	なす	10	
	4040	油揚げ	6	③ 油揚げは短冊切りにして、油抜きする。
	8001	えのきたけ	10	④ さやいんげんは3cmに切って、下ゆでする。
	17045	白みそ	13	⑤ ①にかぼちゃ、たまねぎ、なすを加えて、煮る。
	6010	さやいんげん	10	
		水	100	⑥ ③とえのきたけを加える。
				⑦ みそを加えて、味つけする。
				⑧ ④を加える。
鶏肉の松風焼き	14003	焼き油	0.5	① しょうが、ねぎはみじん切りにする。
	11230	鶏ひき肉	45	② 鉄板に油をぬる。
	6103	しょうが	0.7	③ 材料を混ぜ合わせて、よく練る。
	6320	ねぎ	5	④ ③を②の鉄板に平らにのばす。
	12004	鶏卵	8	⑤ 上にごまをちらして、焼く。
	1079	パン粉	4	⑥ 人数分に切り分ける。
	3004	三温糖	2.5	
	17045	白みそ	6	
	17054	酒	2	
	17054	みりん	2	
	5018	白いりごま	2	
五目きんぴら	14003	炒め油	0.7	① にんじん、ごぼうは大き目のささがき、たけのこはせん切りに、れんこんはいちょう切りにする。
	6212	にんじん	5	
	6084	ごぼう	20	
	6151	たけのこ（水煮）	15	② つきこんにゃくを下ゆでする。
	6317	れんこん	10	③ さつま揚げは短冊切りにして、油抜きする。
	2002	つきこんにゃく	20	
	10386	さつま揚げ	10	④ 油で①②③を炒める。
	3004	三温糖	1	⑤ 調味料を加えて、炒め煮にする。
	16023	酒	1	⑥ 七味唐辛子を加える。
	17007	濃口しょうゆ	4	
	17073	七味唐辛子	0.02	
牛乳	13003	牛乳	206	

料理名	エネルギー kcal	たんぱく質 g	脂質 g	塩分 g	カルシウム mg	マグネシウム mg	鉄 mg	亜鉛 mg	ビタミン A μgRE	B_1 mg	B_2 mg	C mg	食物繊維 g
ご飯	393	6.7	1.0	0	6	25	0.9	1.5	0	0.32	0.03	0	0.6
みそ汁	88	4.0	3.1	1.8	52	36	1.1	0.3	105	0.07	0.06	16	2.5
松風焼き	150	12.3	6.8	0.8	43	28	1.1	0.6	41	0.07	0.14	2	0.9
きんぴら	56	2.7	1.1	0.8	31	20	0.6	0.4	38	0.04	0.04	7	2.3
牛乳	138	6.8	7.8	0.2	227	21	0	0.8	78	0.08	0.31	2	0
合計	825	32.5	19.8	3.6	359	130	3.7	3.6	262	0.58	0.58	27	6.3

メッセージ

根菜類は、胃や腸にやさしい食物繊維が多く含まれていて、便秘の予防や消化の手伝いもしてくれます。
五目きんぴらには、にんじん、ごぼう、れんこんなどたくさんの根菜類が入っています。

穀類　いも類　豆類　種実類　野菜類　きのこ類　藻類　単品

中学校
麦ご飯　シーフードワンタン　**チンジャオロース**　きくらげのサラダ　牛乳

穀類　いも類　豆類　種実類　野菜類　きのこ類　藻類　単品

献立名	食品番号	材料	分量（g）	作り方
麦ご飯	1083	精白米	105	
	1007	米粒麦	6	
		強化米	0.32	
シーフードワンタン		魚介類ミックス	30	① しいたけを洗って、もどす。
	6153	たまねぎ	16	② たまねぎはスライス、しいたけはせん切りに、チンゲン菜はざく切りにする。
	8013	しいたけ（乾）	1.3	
	6152	味つきメンマ	16	③ たまねぎ、しいたけを煮る。
	6289	もやし	16	④ 魚介類ミックス、メンマ、もやしを加える。
	17024	鶏ガラスープエキストラート	5	
			1	⑤ 調味料を加えて、味つけする。
	17007	濃口しょうゆ	4	⑥ ワンタンを加える。
	17012	食塩	0.25	⑦ チンゲン菜を加える。
	17063	黒こしょう	0.03	
		ワンタン	16	
	6160	チンゲン菜	10	
		水	120	
チンジャオロース	14003	炒め油	2	① 豚肉に下味をつける。
	11130	豚もも肉・せん切り	30	② 野菜はすべてせん切りにする。
	16001	酒	3	③ 油で豚肉を炒める。
	16025	みりん	1	④ 野菜を加えて、さらに炒める。
	17007	濃口しょうゆ	2	⑤ 調味料を加えて、味つけする。
	6212	にんじん	10	⑥ 水溶きでんぷんで、とろみをつける。
	6151	たけのこ（水煮）	20	
	6245	ピーマン	25	
	3003	上白糖	0.5	
	16001	酒	1.3	
	17007	濃口しょうゆ	2.8	
	17031	オイスターソース	1.3	
	2034	でんぷん	0.4	
きくらげのサラダ	6136	切り干し大根	3.3	① 切り干し大根、きくらげを洗って、もどす。
	8006	きくらげ（乾）	1.6	
	3004	三温糖	0.4	② 切り干し大根は短く切り、きくらげはせん切りにする。
	16025	みりん	0.65	
	17007	濃口しょうゆ	1	③ ②に調味料を加えて煮含め、冷却する。
	6061	キャベツ	30	④ キャベツは短冊切りに、きゅうりは小口切りにする。
	6065	きゅうり	15	
	3003	上白糖	0.4	⑤ ④をゆでて、冷却する。
	17007	濃口しょうゆ	2.6	⑥ 調味料を合わせて、あえる。
	17016	酢	2	
	14002	ごま油	0.4	
牛乳	13003	牛乳	206	

料理名	エネルギー kcal	たんぱく質 g	脂質 g	塩分 g	カルシウム mg	マグネシウム mg	鉄 mg	亜鉛 mg	ビタミン A μgRE	B_1 mg	B_2 mg	C mg	食物繊維 g
ご飯	396	6.8	1.0	0	6	26	0.9	1.6	0	0.48	0.04	0	1.0
スープ	93	7.3	0.4	1.5	37	31	0.9	0.6	18	0.02	0.05	5	2.2
炒め物	99	7.3	5.1	0.8	12	15	0.4	0.7	82	0.28	1.00	11	1.1
サラダ	37	1.2	0.5	0.5	41	18	1.0	0.2	5	0.02	0.07	14	2.3
牛乳	138	6.8	7.8	0.2	227	21	0	0.8	78	0.08	0.31	2	0
合計	763	29.4	14.8	3.0	323	111	3.2	3.9	183	0.88	1.47	32	6.6

メッセージ

　チンジャオロースはピーマンが苦手な人もおいしく食べられます。お肉やほかの野菜と炒めてあるので、苦みもちょっぴり気にならなくなります。夏のピーマンの元気を分けてもらいましょう。

麦ご飯　みそ汁　**かぼちゃのコロッケ**　ごまドレッシングサラダ　牛乳

献立名	食品番号	材料	分量（g）	作り方
麦ご飯	1083	精白米	74	
	1007	米粒麦	6	
みそ汁	17023	煮干し（だし用）	3	① 煮干しでだしをとる。
	6212	にんじん	7	② にんじんはいちょう切りに、白菜は短冊切りに、えのきたけは1/2に切り、ねぎは小口切りに、豆腐はさいの目切りにする。
	4032	木綿豆腐	30	
	6233	白菜	20	
	8001	えのきたけ	8	③ ①ににんじんを加えて、煮る。
	17045	白みそ	10	④ 白菜、えのきたけ、豆腐を加える。
	6226	ねぎ	8	⑤ みそを加えて、味つけする。
		水	120	⑥ ねぎを加える。
かぼちゃのコロッケ	6048	かぼちゃ	50	① かぼちゃは大きく切って蒸し、つぶす。
	14003	炒め油	1	② たまねぎはみじん切りにする。
	11163	豚ひき肉	10	③ 油でひき肉、たまねぎを炒める。
	6153	たまねぎ	15	④ 材料を混ぜ合わせて、成形する。
	17012	食塩	0.2	⑤ 衣をつけて、油で揚げる。
	17064	白こしょう	0.02	⑥ 調味料を加熱して、ソースを作る。
	1015	薄力粉	3	⑦ ⑥を⑤にかける。
	12004	鶏卵	5	
	1079	パン粉	7	＊ うまくまとまらないときは、マッシュポテトを加えるとよい。
	14003	揚げ油	5	
	17036	ケチャップ	2.5	
	17001	ウスターソース	2.5	
ごまドレッシングサラダ	6084	ごぼう	20	① ごぼう、にんじん、キャベツはせん切りに、きゅうりは小口切りにする。
	6212	にんじん	3	② ①はゆでて、冷却する。
	6065	きゅうり	10	③ ごまをから煎りする。
	6061	キャベツ	20	④ 調味料を合わせて、あえる。
	5018	黒すりごま	2	
	3003	上白糖	0.5	
	17008	薄口しょうゆ	3	
	17015	酢	2	
	14001	オリーブ油	1.5	
牛乳	13003	牛乳	206	

料理名	エネルギー kcal	たんぱく質 g	脂質 g	塩分 g	カルシウム mg	マグネシウム mg	鉄 mg	亜鉛 mg	ビタミン A μgRE	ビタミン B₁ mg	ビタミン B₂ mg	ビタミン C mg	食物繊維 g
ご飯	283	4.9	0.8	0	5	19	0.7	1.1	0	0.06	0.01	0	1.0
みそ汁	62	6.0	2.0	1.2	60	25	1.2	0.4	56	0.06	0.06	5	1.6
コロッケ	177	4.7	8.6	0.6	18	21	0.6	0.6	172	0.11	0.08	23	2.4
サラダ	51	1.4	2.6	0.5	47	25	0.4	0.3	27	0.03	0.02	10	2.0
牛乳	138	6.8	7.8	0.2	227	21	0	0.8	78	0.08	0.31	2	0
合計	711	23.8	21.8	2.5	357	111	2.9	3.2	333	0.34	0.48	40	7.0

メッセージ

　かぼちゃは、南アフリカの野菜でしたが、今から450年くらい前にカンボジアという国から運ばれてきたことから、「かぼちゃ」と呼ばれています。かぼちゃの中のカロテンやビタミンは、かぜからからだを守ってくれ、食物繊維はおなかの調子をよくしてくれます。今日は、かぼちゃをたくさん使ったコロッケにしました。

麦ご飯　ワカメスープ　厚揚げのごまみそあんかけ　**ごぼうサラダ**　牛乳

献立名	食品番号	材料	分量（g）	作り方
麦ご飯	1083	精白米	76	
	1007	米粒麦	4	
ワカメスープ	8001	えのきたけ	18	① えのきたけは1/2に切り、ねぎは小口切りにする。
	17008	薄口しょうゆ	1	② 小松菜はざく切りにして、下ゆでする。
	17027	コンソメ	1	③ えのきたけを煮る。
	17012	食塩	0.4	④ 調味料を加えて、味つけする。
	17065	こしょう	0.01	⑤ ねぎ、ワカメ、②を加える。
	6226	ねぎ	15	⑥ ごま油、ごまを加える。
	9044	ワカメ（乾）	1.2	
	6086	小松菜	10	
	14002	ごま油	1	
	5018	白いりごま	0.7	
		水	140	
厚揚げのごまみそあんかけ	4039	厚揚げ	50	① 厚揚げは焼く。
	3004	三温糖	4	② 調味料、ごまを加熱する。
	17044	甘みそ	5	③ 水溶きでんぷんでとろみをつけて、タレを作る。
	16005	酒	1	④ ③を①にかける。
	16025	みりん	2	
	5018	黒すりごま	1.5	
	2034	でんぷん	0.25	
ごぼうサラダ	6084	ごぼう	35	① ごぼう、にんじんはせん切りに、きゅうりは斜め半月切りにする。
	6212	にんじん	8	② ①をゆでて、冷却する。
	6065	きゅうり	20	③ 調味料を合わせて、あえる。
	17042	マヨネーズ	6.5	
	17015	酢	1	
	17012	食塩	0.2	
	17065	こしょう	0.01	
牛乳	13003	牛乳	206	

穀類　いも類　豆類　種実類　野菜類　きのこ類　藻類　単品

料理名	エネルギー kcal	たんぱく質 g	脂質 g	塩分 g	カルシウム mg	マグネシウム mg	鉄 mg	亜鉛 mg	ビタミン A μgRE	ビタミン B₁ mg	ビタミン B₂ mg	ビタミン C mg	食物繊維 g
ご飯	285	4.9	0.8	0	5	18	0.6	1.1	0	0.07	0.02	0	0.7
スープ	25	1.1	1.4	0.9	32	11	0.6	0.1	26	0.06	0.05	6	1.3
厚揚げ	116	6.5	6.8	0.6	143	37	1.6	0.8	0	0.05	0.03	0	0.8
サラダ	75	0.9	4.9	0.3	24	23	0.3	0.3	68	0.03	0.02	4	2.4
牛乳	138	6.8	7.8	0.2	227	21	0	0.8	78	0.08	0.31	2	0
合計	639	20.2	21.7	2.0	431	110	3.1	3.1	172	0.29	0.43	12	5.2

メッセージ

　今日は、マヨネーズを使ったごぼうのサラダです。ごぼうには食物繊維がたくさん含まれていておなかのお掃除をしてくれます。しっかりかんでおいしくいただきましょう。

麦ご飯　**根菜汁**　アマゴの塩焼き　ヒジキの炒め煮　りんご　牛乳

献立名	食品番号	材料	分量（g）	作り方
麦ご飯	1083	精白米	75	
	1007	米粒麦	5	
		強化米	0.24	
根菜汁	17023	煮干し（だし用）	2	① 煮干しでだしをとる。
	11224	鶏もも肉・こま切れ	10	② ごぼうはささがき、にんじん、里芋、大根は厚めのいちょう切りに、豆腐はさいの目切りにする。
	6084	ごぼう	18	
	6212	にんじん	10	
	2010	里芋	20	③ 小松菜はざく切りにして、下ゆでする。
	6132	大根	20	④ ①に鶏肉、根菜を加えて、煮る。
	4032	木綿豆腐	25	⑤ 豆腐を加える。
	17008	薄口しょうゆ	2	⑥ 調味料を加えて、味つけする。
	17012	食塩	0.5	⑦ ③を加える。
	6086	小松菜	8	
		水	110	
アマゴの塩焼き	10017	アマゴ	50	① アマゴに塩をふって、焼く。
	17012	食塩	1	
ヒジキの炒め煮	14004	炒め油	1	① ヒジキを洗って、もどす。
	6212	にんじん	8	② にんじんはせん切りにする。
	9031	芽ヒジキ（乾）	4.5	③ こんにゃくは短冊切りにして、下ゆでする。
	2003	こんにゃく	10	
	4040	油揚げ	5	④ 油揚げは短冊切りにして、油抜きする。
	3004	三温糖	1.8	⑤ いんげんは2cmに切って、下ゆでする。
	16001	酒	1	⑥ 油で①〜④の材料を炒める。
	17007	濃口しょうゆ	3	⑦ 調味料を加えて味つけし、煮含める。
	6010	さやいんげん	5	⑧ ⑤を加える。
		水	5	
りんご	7148	りんご	60	① 1/4に切り分ける。
牛乳	13003	牛乳	206	

穀類　いも類　豆類　種実類　野菜類　きのこ類　藻類　単品

料理名	エネルギー kcal	たんぱく質 g	脂質 g	塩分 g	カルシウム mg	マグネシウム mg	鉄 mg	亜鉛 mg	ビタミン A µgRE	B1 mg	B2 mg	C mg	食物繊維 g
ご飯	285	5.0	0.8	0	5	19	0.7	1.2	0	0.45	0.04	0	0.8
根菜汁	64	4.6	1.5	0.9	63	29	0.7	0.6	99	0.07	0.06	7	2.4
アマゴ	56	9.2	1.8	1.1	14	14	0.2	0.4	4	0.08	0.08	1	0
炒め煮	63	3.8	3.1	0.6	83	41	2.9	0.5	151	0.05	0.09	2	2.5
くだもの	32	0.1	0.1	0	2	2	0	0	2	0.01	0.01	2	0.9
牛乳	138	6.8	7.8	0.2	227	21	0	0.8	78	0.08	0.31	2	0
合計	638	29.5	15.1	2.8	394	126	4.5	3.5	334	0.74	0.59	14	6.6

メッセージ

　根菜というのは、根っこの野菜です。根っこの野菜はどんなものがあるか知っていますか？　根っこの野菜はよく煮ないと食べられないものが多いので、なかなか食べるのも大変ですが、おなかのお掃除をしてくれる食物繊維がたくさん入っています。よくかんで食べましょう。
　アマゴは長野県飯田でとれる川魚です。

穀類 / いも類 / 豆類 / 種実類 / 野菜類 / きのこ類 / 藻類 / 単品

コッペパン　ポークビーンズ　ヒジキのサラダ　**ごぼうチップ**　牛乳

献立名	食品番号	材料	分量（g）	作り方
コッペパン		コッペパン	93	
ポークビーンズ	4023	大豆（乾）	10	① 大豆を洗って、もどしておく。
	14004	炒め油	1.1	② ①をやわらかくゆでる。
	11130	豚もも肉・角切り	20	③ セロリは小口切りに、にんじん、たまねぎ、じゃがいもは角切りに、パセリはみじん切りにする。
	6119	セロリ	5	
	6212	にんじん	17	
	6153	たまねぎ	25	
	2017	じゃがいも	40	④ 油で豚肉、野菜を炒める。
		旨味調味料	0.7	⑤ ②と調味料を加えて、煮る。
	3004	三温糖	1.1	⑥ ケチャップの酸味が飛んでから、スキムミルクを加える。
	16011	赤ワイン	1.7	⑦ パセリを加える。
	17036	ケチャップ	15	
	17001	ウスターソース	1	
	17012	食塩	0.2	
	17064	白こしょう	0.05	
	13010	スキムミルク	1.5	
	6239	パセリ	1.3	
		水	40	
ヒジキのサラダ	9031	芽ヒジキ（乾）	1.5	① ヒジキを洗って、もどす。
	3004	三温糖	0.5	② ①に調味料を加えて煮含め、冷却する。
	16025	みりん	0.5	③ にんじんはせん切りに、チンゲン菜はざく切りにする。
	17007	濃口しょうゆ	0.8	
	6212	にんじん	8	④ ③ともやしをゆでて、冷却する。
	6160	チンゲン菜	10	⑤ 調味料を合わせて、あえる。
	6289	もやし	25	
	3003	上白糖	0.5	
		土佐しょうゆ	2.2	
	17015	酢	2	
	17012	食塩	0.2	
	14004	サフラワー油	0.5	
ごぼうチップ	6084	ごぼう	35	① ごぼうは薄く幅広の短冊切りにする。
	2034	でんぷん	3	② ①にでんぷんをまぶして、油で揚げる。
	14005	炒め油	3	③ ごまをから煎りする。
	5018	白いりごま	1	④ 調味料を加熱して、タレを作る。
	3004	三温糖	1	⑤ ③④で②をからめる。
	16025	みりん	0.5	
	17007	濃口しょうゆ	1	
牛乳	13003	牛乳	206	

料理名	エネルギー kcal	たんぱく質 g	脂質 g	塩分 g	カルシウム mg	マグネシウム mg	鉄 mg	亜鉛 mg	ビタミン A μgRE	B1 mg	B2 mg	C mg	食物繊維 g
パン	258	9.1	3.6	1	42	27	0.8	0	0	0.10	0.10	0	2.0
ビーンズ	163	9.4	4.9	0.8	61	45	1.5	1.0	146	0.33	0.12	20	3.5
サラダ	24	1.1	0.5	0.6	38	17	1.0	0.1	82	0.02	0.05	5	1.3
チップ	74	0.9	3.5	0.1	28	24	0.3	0.4	0	0.02	0.01	1	2.1
牛乳	138	6.8	7.8	0.2	227	21	0	0.8	78	0.08	0.31	2	0
合計	657	27.3	20.3	2.7	396	134	3.6	2.3	306	0.55	0.59	28	8.9

メッセージ

　今日は、食物繊維をたくさんとれる料理ばかりです。
　かんで食べる食材を取り入れているので、ちょっと食べるのが大変かもしれませんが、よくかんで食べましょう。虫歯予防になるはずですよ。

中学校
発芽玄米ご飯　炒り鶏　シシャモのフリッター　かぶとタコのからみあえ　柿　牛乳

献立名	食品番号	材料	分量（g）	作り方
発芽玄米ご飯	1083	精白米	75	
		発芽玄米	35	
		強化米	0.3	
炒り鶏	17019	カツオ節（だし用）	1	① しいたけを洗って、もどす。
	14003	炒め油	1	② カツオ節でだしをとる。
	11224	鶏もも肉・こま切れ	30	③ 鶏肉に下味をつける。
	16025	みりん	1	④ にんじん、ごぼう、れんこん、しいたけは乱切りにする。
	17008	薄口しょうゆ	2	
	6212	にんじん	20	⑤ さやいんげんは2cmに切って、下ゆでする。
	6084	ごぼう	25	
	6317	れんこん	25	⑥ こんにゃくは乱切りにして、下ゆでする。
	8013	しいたけ（乾）	1	⑦ 油で③④⑥を炒める。
	2003	こんにゃく	20	⑧ ①と調味料を加えて、煮る。
	3004	三温糖	1	⑨ ⑤を加える。
	16025	みりん	1	＊ しいたけのもどし汁も使う。
	17008	薄口しょうゆ	5	
	6010	さやいんげん	10	
		水	15	
シシャモのフリッター	10180	シシャモ	50	① 衣を作る。
	1016	薄力粉	10	② シシャモに①をつけて、油で揚げる。
	17084	ベーキングパウダー	0.02	
	12004	鶏卵	6	
	13038	粉チーズ	2	
	9002	青のり	0.2	
	14011	揚げ油	5	
かぶとタコのからみあえ	6036	かぶ	40	① かぶ、きゅうりは乱切りにする。
	6065	きゅうり	10	② ①をゆでて、冷却する。
	10362	ゆでタコ・乱切り	20	③ タコを蒸して、冷却する。
	3003	上白糖	0.8	④ 調味料を合わせて、あえる。
	17008	薄口しょうゆ	2	
	17015	酢	1	
	17006	ラー油	0.5	
柿	7049	柿	45	① 1/4に切り分ける。
牛乳	13003	牛乳	206	

穀類　いも類　豆類　種実類　野菜類　きのこ類　藻類　単品

料理名	エネルギー kcal	たんぱく質 g	脂質 g	塩分 g	カルシウム mg	マグネシウム mg	鉄 mg	亜鉛 mg	ビタミン A μgRE	B₁ mg	B₂ mg	C mg	食物繊維 g
ご飯	372	6.7	1.5	0	7	55	1.3	1.6	0	0.20	0.02	0	1.5
炒り鶏	100	7.5	2.2	1.2	40	33	0.9	1.0	200	0.08	0.12	14	3.6
シシャモ	191	10.2	12.2	0.8	208	33	1.1	1.2	77	0.01	0.02	1	0.4
あえ物	38	4.8	0.6	0.4	17	16	0.1	0.4	4	0.02	0.02	8	0.7
くだもの	27	0.2	0.1	0	4	3	0.1	0.1	13	0.01	0.01	32	0.7
牛乳	138	6.8	7.8	0.2	227	21	0	0.8	78	0.08	0.31	2	0
合計	866	36.2	24.4	2.6	503	161	3.5	5.1	372	0.40	0.50	57	6.9

メッセージ

　今日の献立は、食物繊維がとれるように考えて作りました。
　炒り鶏には根菜類がたくさん入っています。
　野菜に含まれる食物繊維は「セルロース」といって不溶性の食物繊維です。また、くだものに含まれる食物繊維は「ペクチン」といって水溶性の食物繊維です。それぞれいろいろな食品から多くの種類をとることが大切です。現代の日本人は食物繊維不足といわれているので、健康を維持していくために両方の食物繊維をしっかりとりましょう。

中学校
発芽玄米ご飯　かぼちゃぼうとう　**変わりきんぴら**　磯香サラダ　牛乳

分類: 穀類／いも類／豆類／種実類／**野菜類**／きのこ類／藻類／単品

献立名	食品番号	材料	分量（g）	作り方
発芽玄米ご飯	1083	精白米	70	
		発芽玄米	35	
かぼちゃぼうとう	17019	カツオ節（だし用）	2	① カツオ節でだしをとる。
		水	100	② にんじんは短冊切りに、かぼちゃは角切りに、白菜はざく切りに、えのきたけは1/2に切り、ねぎは小口切りにする。
	11224	鶏もも肉・こま切れ	15	
	6212	にんじん	10	
	6048	かぼちゃ	30	③ 油揚げは短冊切りにして、油抜きする。
	6233	白菜	20	④ ①に鶏肉、にんじん、かぼちゃを加えて、煮る。
	8001	えのきたけ	10	
	4040	油揚げ	5	⑤ 白菜、えのきたけ、③を加える。
		ほうとうめん（冷）	50	⑥ ほうとうめんを加える。
	17045	白みそ	8	⑦ 調味料を加えて、味つけする。
	17001	濃口しょうゆ	1	⑧ ねぎを加える。
	17073	七味唐辛子	0.03	
	6226	ねぎ	6	
変わりきんぴら	17019	カツオ節（だし用）	1	① カツオ節でだしをとる。
		水	30	② じゃがいもはせん切りにして、油で素揚げにする。
	2017	じゃがいも	30	
	14011	揚げ油	3	③ にんじん、ごぼうはせん切りに、れんこんはいちょう切りにする。
	14011	炒め油	1	
	11130	豚もも肉・せん切り	10	④ つきこんにゃくを下ゆでする。
	6212	にんじん	10	⑤ 油で豚肉と③④を炒める。
	6084	ごぼう	20	⑥ ①を加えて、煮る。
	6317	れんこん	15	⑦ 調味料を加えて、味つけする。
	2003	つきこんにゃく	20	⑧ 水分が少なくなってきたら、②を加える。
	3004	三温糖	2	⑨ ごまを加える。
	16025	みりん	2	
	17007	濃口しょうゆ	4	
	5018	白いりごま	1	
磯香サラダ	6061	キャベツ	30	① キャベツは短冊切りに、ほうれん草はざく切りにする。
	6267	ほうれん草	30	
	2039	春雨（乾）	5	② ①をゆでて、冷却する。
	17007	濃口しょうゆ	2	③ 春雨はゆでて冷却し、短く切る。
	17043	マヨネーズ	8	④ あえる。
	9004	焼きのり・刻み	0.5	⑤ 刻みのりをふり入れる。
牛乳	13003	牛乳	206	

料理名	エネルギー kcal	たんぱく質 g	脂質 g	塩分 g	カルシウム mg	マグネシウム mg	鉄 mg	亜鉛 mg	ビタミン A μgRE	ビタミン B₁ mg	ビタミン B₂ mg	ビタミン C mg	食物繊維 g
ご飯	372	6.7	1.5	0	7	55	1.3	1.6	0	0.20	0.02	0	1.5
ほうとう	143	7.3	3.1	1.3	46	34	1.1	0.8	180	0.08	0.11	19	3.1
きんぴら	128	3.9	5.5	0.6	38	29	0.7	0.6	76	0.16	0.05	19	2.6
サラダ	86	1.7	6.0	0.5	33	30	0.9	0.3	122	0.04	0.09	24	1.7
牛乳	138	6.8	7.8	0.2	227	21	0	0.8	78	0.08	0.31	2	0
合計	867	26.4	23.9	2.6	351	169	4.0	4.1	456	0.56	0.58	64	8.9

メッセージ

　今日の献立は、今の私たちの食事の中で不足しがちな食物繊維がしっかりとれる献立です。いろんな野菜が入っていますね。日頃から野菜をたくさん食べると、食物繊維をとりやすく、健康なからだをつくることができますよ。

麦ご飯　すいとん汁　サケの塩焼き　**きんぴらごぼう**　みかん　牛乳

献立名	食品番号	材料	分量（g）	作り方
麦ご飯	1083	精白米	66	
	1007	米粒麦	3	
		強化米	0.2	
すいとん汁	17023	煮干し（だし用）	2	① 煮干しでだしをとる。
	1015	薄力粉	10	② すいとんの材料を練って、寝かしておく。
	1120	白玉粉	10	③ 大根、にんじんはいちょう切りに、かぼちゃは角切りに、白菜はざく切りに、ねぎは小口切りにする。
		水	3	
	11221	鶏もも肉・こま切れ	10	
	6132	大根	25	④ ①に鶏肉、根菜、かぼちゃを加えて、煮る。
	6212	にんじん	5	⑤ ②を一口大にちぎって、加える。
	6048	かぼちゃ	15	⑥ 白菜を加える。
	6233	白菜	25	⑦ みそを加えて、味つけする。
	17045	白みそ	8	⑧ ねぎを加える。
	6226	ねぎ	10	
		水	120	
サケの塩焼き	10134	サケ・切り身	50	① サケに塩をふって、焼く。
	17012	食塩	0.3	
きんぴらごぼう	14002	炒め油	1.5	① ごぼう、にんじんは太めのささがきにする。
	6084	ごぼう	25	② こんにゃくは短冊切りにして、下ゆでする。
	6212	にんじん	10	③ さつま揚げは短冊切りにして、油抜きする。
	2003	こんにゃく	20	
	10386	さつま揚げ	8	
	3004	三温糖	2	④ 油で①②③を炒める。
	16025	みりん	1	⑤ 調味料を加えて、味つけする。
	17008	薄口しょうゆ	3	⑥ 七味唐辛子、ごまを加える。
	17073	七味唐辛子	0.02	
	5018	白いりごま	1	
みかん	7027	みかん	60	
牛乳	13003	牛乳	206	

穀類・いも類　豆類　種実類　野菜類　きのこ類　藻類　単品

料理名	エネルギー kcal	たんぱく質 g	脂質 g	塩分 g	カルシウム mg	マグネシウム mg	鉄 mg	亜鉛 mg	ビタミン A μgRE	B₁ mg	B₂ mg	C mg	食物繊維 g
ご飯	262	4.5	0.7	0	4	17	0.6	1.0	0	0.33	0.20	0	0.7
汁	133	4.6	2.2	1.0	30	20	0.7	0.6	94	0.04	0.05	13	2.0
サケ	67	11.2	2.1	0.4	7	14	0.3	0.3	6	0.08	0.11	1	0
きんぴら	64	2.0	2.3	0.7	42	22	0.5	0.3	76	0.02	0.02	1	2.2
くだもの	28	0.4	0.1	0	13	7	0.1	0.1	50	0.04	0.01	10	0.6
牛乳	138	6.8	7.8	0.2	227	21	0	0.8	78	0.08	0.31	2	0
合計	692	29.5	15.2	2.3	323	101	2.2	3.1	304	0.59	0.70	27	5.5

メッセージ

　ごぼうは冬が旬の野菜で食物繊維がたくさん含まれています。
　毎日寒い日が続くので、からだがぽかぽか温まるように具がたっぷり入ったすいとん汁を作りました。
　和食の大切さを知ってほしいと願い、和食の献立にしました。和食は外国のスポーツ選手が食事に取り入れているほど、健康に良い食事なのです。みなさんもしっかり食べてくださいね。

穀類 / いも類 / 豆類 / 種実類 / 野菜類 / きのこ類 / 藻類 / 単品

麦ご飯　豚汁　豚レバーとれんこんの甘辛煮　酢の物　牛乳

献立名	食品番号	材料	分量（g）	作り方
麦ご飯	1083	精白米	76	
	1007	米粒麦	4	
		強化米	0.24	
豚汁	17023	煮干し（だし用）	2	① 煮干しでだしをとる。
	14003	炒め油	1	② にんじん、大根、じゃがいもは厚めのいちょう切りに、ごぼうはささがき、ねぎは小口切りに、豆腐はさいの目切りにする。
	11130	豚もも肉・こま切れ	20	
	6212	にんじん	8	
	6084	ごぼう	12	③ こんにゃくは短冊切りにして、下ゆでする。
	6132	大根	20	
	2017	じゃがいも	20	④ 油で豚肉、根菜を炒める。
	2003	こんにゃく	20	⑤ ①③を加えて、煮る。
	4032	木綿豆腐	20	⑥ 豆腐を加える。
	17045	白みそ	10	⑦ みそを加えて、味つけする。
	6226	ねぎ	10	⑧ ねぎを加える。
豚レバーと れんこんの 甘辛煮	11166	豚レバー・薄切り	20	① しょうがはすりおろす。
	6103	しょうが	0.6	② 豚レバーに下味をつける。
	17007	濃口しょうゆ	1.5	③ ②に粉をまぶして、油で揚げる。
	2034	でんぷん	3	④ かぼちゃ、れんこんは厚めのいちょう切りにして、油で素揚げにする。
	1015	薄力粉	2	
	6048	かぼちゃ	25	⑤ ごまをから煎りする。
	6317	れんこん	30	⑥ 調味料を加熱して、タレを作る。
	14011	揚げ油	4	⑦ ⑤⑥で③④をからめる。
	5018	白いりごま	1	
	3004	三温糖	2	
	3016	水あめ	1.5	
	17007	濃口しょうゆ	4	
酢の物	9040	ワカメ（乾）	1	① かぶはいちょう切りにする。
	10362	ゆでタコ・薄切り	10	② ①とワカメをゆでて、冷却する。
	6036	かぶ	30	③ タコは蒸して、冷却する。
	3004	三温糖	2	④ 調味料を合わせて、あえる。
	17008	薄口しょうゆ	1.5	
	17015	酢	2.5	
	17012	食塩	0.5	
牛乳	13003	牛乳	206	

料理名	エネルギー	たんぱく質	脂質	塩分	カルシウム	マグネシウム	鉄	亜鉛	ビタミン				食物繊維
	kcal	g	g	g	mg	mg	mg	mg	A μgRE	B₁ mg	B₂ mg	C mg	g
ご飯	286	4.9	0.8	0	5	19	0.6	1.1	0	0.37	0.03	0	0.7
豚汁	113	7.4	4.4	1.2	61	33	1.0	0.7	62	0.02	0.07	10	2.7
甘辛煮	146	6.0	5.3	0.8	24	23	3.1	1.7	2683	0.20	0.75	29	1.7
酢の物	27	2.6	0.1	1.0	17	19	0.1	0.2	8	0.01	0.03	6	0.8
牛乳	138	6.8	7.8	0.2	227	21	0	0.8	78	0.08	0.31	2	0
合計	710	27.7	18.4	3.2	334	115	4.8	4.5	2831	0.68	1.19	47	5.9

メッセージ

　冬になり「根っこ」の野菜がおいしくなりましたね。根っこの野菜を食べると、良いことが2つあります。1つはからだをポカポカ温めてくれます。2つ目は食物繊維がたくさん含まれていてからだの中のお掃除をしてくれるので、特に大腸がスッキリします。今日は「根っこの野菜」をたくさん使った献立です。どれが根っこの野菜でしょう。にんじん、大根、ごぼう、れんこんが「根菜類」といわれる、根っこの部分を食べる野菜です。

ソフトめんのみそラーメン　スタッフドポテト　**ごぼうサラダ**　牛乳

献立名	食品番号	材料	分量（g）	作り方
ソフトめん		ソフトめん	190	
みそラーメン	17024	鶏ガラ（だし用）	150	① 鶏ガラ、しょうが、パセリの茎（分量外）で、時間をかけてしっかりだしをとる。
	14011	炒め油	0.5	② しいたけを洗って、もどす。
	6223	にんにく	0.3	③ にんにく、しょうがはみじん切りに、たまねぎはスライス、にんじん、しいたけはせん切りに、たけのこは短冊切りに、白菜はざく切りに、ねぎは小口切りにする。
	6102	しょうが	0.3	
	11163	豚ひき肉	15	
	6153	たまねぎ	30	
	6212	にんじん	10	
	6151	たけのこ（水煮）	10	④ 油でにんにく、しょうが、ひき肉、たまねぎを炒める。
	8013	しいたけ（乾）	0.8	
	6233	白菜	20	⑤ ①とにんじん、たけのこ、しいたけを加えて、煮る。
	6289	もやし	25	
	6178	ホールコーン（冷）	10	⑥ 白菜、もやし、コーンを加える。
	3004	三温糖	0.2	⑦ 調味料を加えて、味つけする。
	17045	白みそ	7	⑧ 水溶きでんぷんで、とろみをつける。
	17007	濃口しょうゆ	4	⑨ ねぎ、ごま油を加える。
	17065	こしょう	0.01	
	2034	でんぷん	0.8	
	6226	ねぎ	6	
	14002	ごま油	0.6	
		水	130	
スタッフドポテト		スタッフドポテト	100	① 蒸す。
ごぼうサラダ	6084	切りごぼう	20	① にんじんはせん切りに、きゅうりは小口切りにする。
	6212	にんじん	3.5	
	6065	きゅうり	10	② ①とごぼうをゆでて、冷却する。
	10263	ツナフレーク	10	③ ごまをから煎りする。
	5018	白いりごま	1	④ マヨネーズ以外の調味料を合わせる。
	17007	濃口しょうゆ	0.8	⑤ あえる。
	17016	酢	0.8	
	17036	ケチャップ	1	
	17065	こしょう	0.01	
	17042	マヨネーズ	5	
牛乳	13003	牛乳	206	

料理名	エネルギー kcal	たんぱく質 g	脂質 g	塩分 g	カルシウム mg	マグネシウム mg	鉄 mg	亜鉛 mg	ビタミン A μgRE	ビタミン B₁ mg	ビタミン B₂ mg	ビタミン C mg	食物繊維 g
ソフトめん	281	7.4	1.5	0	21	19	1.0	0.4	0	0.20	0.04	0	2.3
スープ	113	7.6	4.3	1.7	38	28	1.7	0.9	81	0.17	0.24	10	2.7
ポテト	131	3.1	6.1	0.5	39	16	0.2	0.4	35	0.06	0.05	12	1.2
サラダ	89	2.7	6.8	0.3	25	21	0.3	0.3	33	0.01	0.01	2	1.4
牛乳	138	6.8	7.8	0.2	227	21	0	0.8	78	0.08	0.31	2	0
合計	752	27.6	26.5	2.7	350	105	3.2	2.8	227	0.52	0.65	26	7.6

メッセージ

　今日はみなさんの大好きなソフトめんですね。野菜たっぷりのみそラーメンにしてあります。給食センターでは、鶏や豚の骨からおいしいだしが出るので煮出して使っています。今日は鶏の骨を使っています。澄んだおいしいだし汁がとれましたよ。ソフトめんの日はおなかがすきやすいという声があるので、今回はしっかりおなかにたまる組み合わせにしました。
　ごぼうを使ったサラダは、かめばかむほどおいしくなるので、しっかりかんでくださいね。おなかにやさしい、食物繊維がたっぷり入った献立になりました。

中学校
麦ご飯　さつま汁　揚げ豆腐の野菜あんかけ　**つきこんと切り干し大根の五目煮**　みかん　牛乳

穀類
いも類
豆類
種実類
野菜類
きのこ類
藻類
単品

献立名	食品番号	材料	分量（g）	作り方
麦ご飯	1083	精白米	100	
	1007	米粒麦	5	
		強化米	0.32	
さつま汁	17023	煮干し（だし用）	1.5	① 煮干しでだしをとる。
	14003	炒め油	0.8	② 大根、にんじん、さつまいもは厚めのいちょう切りに、ごぼうはささがき、ねぎは小口切りにする。
	11115	豚もも肉・こま切れ	15	
	6132	大根	30	③ 油で豚肉、根菜を炒める。
	6212	にんじん	10	④ ①を加えて、煮る。
	2006	さつまいも	20	⑤ みそを加えて、味つけする。
	6084	ごぼう	10	⑥ ねぎを加える。
	17045	白みそ	10	
	6226	ねぎ	6	
		水	120	
揚げ豆腐の野菜あんかけ	4032	絞り豆腐	100	① しいたけを洗って、もどす。
	2034	でんぷん	4	② たまねぎはスライス、にんじん、しいたけはせん切りにする。
	14011	揚げ油	6	
	14003	炒め油	0.5	③ ピーマン、さやえんどうはせん切りにして、下ゆする。
	6153	たまねぎ	10	
	6212	にんじん	5	④ 豆腐にでんぷんをまぶして、油で揚げる。
	8013	しいたけ（乾）	0.5	⑤ 油で②を炒める。
	3003	上白糖	2	⑥ 調味料を加えて、味つけする。
	17007	濃口しょうゆ	3	⑦ 水溶きでんぷんで、とろみをつける。
	17006	ラー油	0.1	⑧ ③を加えて、あんかけを作る。
	2034	でんぷん	0.3	⑨ ④に⑧をかける。
	6245	ピーマン	5	＊ しいたけのもどし汁はさつま汁に使う。
	6020	さやえんどう	5	
つきこんと切り干し大根の五目煮	17019	カツオ節（だし用）	1	① カツオ節でだしをとる。
		水	35	② 切り干し大根、刻み昆布は洗って、もどす。
	14002	炒め油	0.7	
	6212	にんじん	8	③ にんじんはせん切りに、切り干し大根は短く切る。
	6136	切り干し大根	10	
	2003	つきこんにゃく	20	④ つきこんにゃくは下ゆする。
	4040	油揚げ	3	⑤ 油揚げは短冊切りにして、油抜きする。
	9020	刻み昆布	2	⑥ 油で③④、刻み昆布を炒める。
	3003	上白糖	2	⑦ ①としょうゆ以外の調味料を加えて、煮る。
	16002	酒	1	
	16025	みりん	1.5	⑧ しょうゆを加え、水分がなくなるまで煮る。
	17007	濃口しょうゆ	3	
みかん	7027	みかん	60	
牛乳	13003	牛乳	206	

料理名	エネルギー kcal	たんぱく質 g	脂質 g	塩分 g	カルシウム mg	マグネシウム mg	鉄 mg	亜鉛 mg	ビタミン A μgRE	B₁ mg	B₂ mg	C mg	食物繊維 g
ご飯	374	6.5	1.0	0	6	24	0.9	1.5	0	0.49	0.04	0	0.9
汁	104	5.0	3.8	1.4	41	29	0.8	0.7	77	0.17	0.05	11	2.4
揚げ豆腐	167	7.2	10.8	0.4	127	38	1.0	0.6	45	0.08	0.06	8	1.2
五目煮	70	1.7	1.8	0.7	95	39	1.5	0.3	61	0.03	0.04	0	3.5
くだもの	28	0.4	0.1	0	13	7	0.1	0.1	82	0.06	0.02	19	0.6
牛乳	138	6.8	7.8	0.2	227	21	0	0.8	78	0.08	0.31	2	0
合計	881	27.6	25.3	2.7	509	158	4.3	4.0	343	0.91	0.52	40	8.6

メッセージ

　今日は食物繊維がたっぷり含まれている「切り干し大根」と「昆布」を使って五目煮を作りました。食物繊維をしっかりとることは、腸の環境をよくすると言われています。私たちの現代の食生活では不足しがちな食品です。食物繊維を多く含む食品をしっかり食べるように心掛けましょう。

中学校

麦ご飯　春雨スープ　ポテトとレバーのアーモンドあえ　**野菜の五目煮**　牛乳

献立名	食品番号	材料	分量（g）	作り方
麦ご飯	1083	精白米	100	
	1007	米粒麦	5	
		強化米	0.32	
春雨スープ	17019	カツオ節（だし用）	3	① カツオ節でだしをとる。
	6212	にんじん	10	② にんじん、たけのこ、白菜はせん切りにする。
	6149	生たけのこ	13	
	11224	鶏もも肉・こま切れ	8	③ ほうれん草はざく切りにして、下ゆでする。
	6223	白菜	10	
	17008	薄口しょうゆ	4	④ 春雨はゆでて冷却し、短く切る。
	17012	食塩	0.2	⑤ ①に鶏肉、にんじん、たけのこを加えて、煮る。
	17064	白こしょう	0.02	
	2040	春雨（乾）	4	⑥ 白菜を加える。
	6269	ほうれん草	15	⑦ 調味料を加えて、味つけする。
		水	120	⑧ ③④を加える。
ポテトとレバーのアーモンドあえ	11232	鶏レバー・一口大	25	① しょうがはすりおろす。
	6103	しょうが	0.5	② 鶏レバーに下味をつける。
	16001	酒	1.5	③ ②にでんぷんをまぶして、油で揚げる。
	17007	濃口しょうゆ	1.5	
	2034	でんぷん	5	④ じゃがいもはいちょう切りにして、油で素揚げにする。
	2017	じゃがいも	40	
	14003	揚げ油	2	⑤ ピーマンは短冊切りにして、下ゆでする。
	6245	ピーマン	5	⑥ アーモンドをから煎りする。
	5001	アーモンド・粉末	3.5	⑦ 調味料を加熱して、タレを作る。
	3004	三温糖	2	⑧ ⑦で③④⑤をからめる。
	16025	みりん	1.5	
	17007	濃口しょうゆ	3	
野菜の五目煮	14003	炒め油	0.5	① しいたけを洗って、もどす。
	11115	豚もも肉・角切り	10	② にんじんは厚めのいちょう切りに、しいたけは一口大に切る。
	6212	にんじん	15	
	6132	大根	60	③ 大根は厚めのいちょう切りに、いんげんは2cmに切って、下ゆでする。
	8013	しいたけ（乾）	1	
	2003	こんにゃく	30	④ こんにゃくは短冊切りにして、下ゆでする。
	4039	厚揚げ	30	
	10386	さつま揚げ	15	⑤ 厚揚げ、さつま揚げは短冊切りにして、油抜きする。
	3004	三温糖	2	
	17045	白みそ	4	⑥ 油で鶏肉、②④を炒める。
	16001	酒	1	⑦ 大根と⑤と調味料を加えて、煮含める。
	16025	みりん	1	⑧ さやいんげんを加える。
	17007	濃口しょうゆ	3	
	6010	さやいんげん	6	
		水	15	
牛乳	13003	牛乳	206	

料理名	エネルギー kcal	たんぱく質 g	脂質 g	塩分 g	カルシウム mg	マグネシウム mg	鉄 mg	亜鉛 mg	ビタミン				食物繊維 g
									A μgRE	B₁ mg	B₂ mg	C mg	
ご飯	374	6.5	1.0	0	6	24	0.9	1.5	0	0.09	0.02	0	0.9
スープ	36	2.7	0.4	0.8	20	18	0.5	0.5	131	0.05	0.06	8	1.3
レバー	132	6.3	4.7	0.7	13	28	2.7	1.0	3503	0.15	0.50	23	1.0
五目煮	136	8.4	6.3	1.2	120	37	1.5	0.7	118	0.13	0.10	8	2.8
牛乳	138	6.8	7.8	0.2	227	21	0	0.8	78	0.08	0.31	2	0
合計	816	30.7	20.2	2.9	386	128	5.6	4.5	3830	0.50	0.99	41	6.0

メッセージ

　食物繊維は野菜、豆類、穀類などをしっかり食べないとなかなか必要量はとれません。食べ物が豊かになったと思われている現代の食生活ですが、食物繊維の摂取量が足りないと言われています。今日の給食はその不足しがちな食物繊維に注目して根菜類をたっぷり使った献立にしました。冬はコトコト煮込んだ根菜類がおいしい季節です。たくさん食べておなかの中からきれいになりましょう。

穀類　いも類　豆類　種実類　野菜類　きのこ類　藻類　単品

山菜きのこご飯　アサリのみそ汁　サワラの塩焼き　ごまみそあえ　いちご　牛乳

献立名	食品番号	材料	分量（g）	作り方
山菜きのこご飯	1083	精白米	80	① 調味料を加えて、炊飯する。
	16001	酒	2	② にんじん、しいたけ、油揚げ、たけのこ、しめじはせん切りにする。
	17008	薄口しょうゆ	1	
	4040	油揚げ	3	③ つきこんにゃくは短く切って、下ゆでする。
	2003	つきこんにゃく	5	
	6212	にんじん	10	④ 山菜ミックスは大きさを見て、短く切る。
	6151	たけのこ（水煮）	10	⑤ ②③④に調味料を加えて、煮る。
		山菜ミックス	15	⑥ ①に⑤を混ぜ合わせる。
	8016	しめじ	20	
	8011	生しいたけ	1	
	3004	三温糖	0.8	
	16025	みりん	3	
	17008	薄口しょうゆ	2.5	
	17012	食塩	0.1	
アサリのみそ汁	17023	煮干し（だし用）	2	① 煮干しでだしをとる。
	6132	大根	35	② 大根はいちょう切りに、たまねぎはスライス、えのきたけは1/2に切り、ねぎは小口切りにする。
	6153	たまねぎ	30	
	8001	えのきたけ	10	③ ①に大根、たまねぎを加えて、煮る。
	10281	むきアサリ（冷）	24	④ えのきたけ、アサリを加える。
	17045	白みそ	8	⑤ みそを加えて、味つけする。
	6226	ねぎ	10	⑥ ねぎを加える。
		水	120	
サワラの塩焼き	10171	サワラ・切り身	40	① サワラに塩をふって、焼く。
	17012	食塩	0.15	
ごまみそあえ	6007	アスパラガス	45	① アスパラガスは3～4cmに切って、ゆでて冷却する。
	5018	黒いりごま	3	② 黒ごまをから煎りして、すり鉢でする。
	3004	三温糖	1.5	③ 調味料を合わせて、あえる。
	17045	白みそ	2.5	
	16025	みりん	0.5	
いちご	7012	いちご（2個）	30	
牛乳	13003	牛乳	206	

料理名	エネルギー kcal	たんぱく質 g	脂質 g	塩分 g	カルシウム mg	マグネシウム mg	鉄 mg	亜鉛 mg	ビタミン A μgRE	B₁ mg	B₂ mg	C mg	食物繊維 g
ご飯	328	7.2	1.8	1.1	26	31	0.9	1.5	78	0.11	0.08	2	2.7
みそ汁	46	3.5	0.8	1.7	46	43	1.5	0.6	1	0.06	0.07	7	2.0
サワラ	71	8.0	3.9	0.2	5	13	0.3	0.4	5	0.04	0.14	0	0
あえ物	40	2.1	1.9	0.3	48	17	0.7	0.4	14	0.07	0.08	7	1.3
くだもの	10	0.3	0	0	5	4	0.1	0.1	0	0.01	0.01	19	0.4
牛乳	138	6.8	7.8	0.2	227	21	0	0.8	78	0.08	0.31	2	0
合計	633	27.9	16.2	3.5	357	129	3.5	3.8	176	0.37	0.69	37	6.4

メッセージ

　今日は春の食材を取り入れた和風の献立です。山にはたけのこやわらびといった山菜、そして畑には今が旬のアスパラガスがとれる季節になりました。
　ご飯には春の山菜だけでなく、ちょっぴりきのこを入れてみてました。いろいろ入っているので味を楽しんでください。

コッペパン　ラタトゥイユ　**えのきたけのポークステーキ**　海藻サラダ　牛乳

献立名	食品番号	材料	分量（g）	作り方
コッペパン		コッペパン	94	
ラタトゥイユ	14001	炒め油	0.5	① にんにくはみじん切りに、たまねぎは一口大にカット、ズッキーニ、かぼちゃは角切りにする。
	6223	┌にんにく	0.3	
	11183	└ベーコン・短冊切り	10	
	14017	┌バター（炒め用）	0.5	② ピーマンは1cmの角切りにして、下ゆでする。
	6153	└たまねぎ	30	
	6116	ズッキーニ	10	③ 油でにんにく、ベーコンを炒めて取り出す。
	6048	かぼちゃ	20	
	6184	ダイストマト（缶）	40	④ バターでたまねぎを炒める。
	17061	カレー粉	1	⑤ ④にズッキーニを加えて、煮る。
	17012	食塩	0.8	⑥ かぼちゃ、ダイストマトを加えて、煮る。
	17064	白こしょう	0.02	⑦ 調味料を加えて、味つけする。
	6247	赤ピーマン	5	⑧ ②③を加える。
	6245	ピーマン	5	
		水	40	
えのきたけの ポークステーキ	11127	┌豚ロース肉・薄切り	40	① 豚肉に下味をつける。
	16010	│白ワイン	0.5	② えのきたけ、にらは3cmに切る。
	17012	│食塩	0.3	③ ②を芯にして①で巻いて、焼く。
	17065	└こしょう	0.02	
	8001	えのきたけ	25	
	6207	にら	2	
海藻サラダ		海藻ミックス	0.6	① にんじんはせん切りに、レタスはざく切りに、きゅうりは小口切りにする。
	6212	にんじん	3	
	6312	レタス	15	② ①と海藻ミックスをゆでて、冷却する。
	6065	きゅうり	10	③ 調味料を合わせて、あえる。
	3004	┌三温糖	0.5	
	17007	│濃口しょうゆ	2	
	17015	│酢	2	
	14002	│ごま油	0.5	
	17006	└ラー油	0.01	
牛乳	13003	牛乳	206	

料理名	エネルギー kcal	たんぱく質 g	脂質 g	塩分 g	カルシウム mg	マグネシウム mg	鉄 mg	亜鉛 mg	ビタミン A μgRE	B₁ mg	B₂ mg	C mg	食物繊維 g
パン	278	9.1	3.6	1.3	42	27	0.8	0.1	0	0.10	0.10	0	2.0
ラタトゥイユ	84	2.4	5.0	0.5	16	19	0.8	0.3	98	0.09	0.06	32	1.9
ステーキ	107	8.2	6.5	0.3	8	15	6.5	1.4	12	0.32	0.14	3	1.3
サラダ	14	0.5	0.5	0.4	13	11	0	0	33	0.01	0	2	0.6
牛乳	138	6.8	7.8	0.2	227	21	0	0.8	78	0.08	0.31	2	0
合計	621	27.0	23.4	2.7	306	93	8.1	2.6	221	0.60	0.61	39	5.8

メッセージ

　えのきたけにはみなさんのおなかの掃除をしてくれる食物繊維がたくさん含まれています。
　今日はビタミンB₁がいっぱい含まれている豚肉で、えのきたけとにらを一緒に包んだえのきたけのポークステーキです。

穀類　いも類　豆類　種実類　野菜類　きのこ類　藻類　単品

中学校

麦ご飯　きのこ汁　つくねだんごの甘辛煮　根菜のホットサラダ　牛乳

献立名	食品番号	材料	分量（g）	作り方
麦ご飯	1083	精白米	76	
	1007	米粒麦	4	
きのこ汁	17019	カツオ節（だし用）	2	① カツオ節でだしをとる。
	8028	まいたけ	15	② しいたけ、凍り豆腐を洗って、もどす。
	8020	なめこ	15	③ まいたけは小房分けにし、しいたけはせん切りにする。
	8013	しいたけ（乾）	1	
	4042	凍り豆腐・細切り	5	④ 春菊は3cmに切って、下ゆでする。
	16025	みりん	1	⑤ ①にきのこ、凍り豆腐を加えて、煮る。
	17007	濃口しょうゆ	5	⑥ 調味料を加えて、味つけする。
	6099	春菊	15	⑦ ④を加える。
		水	140	
つくねだんごの甘辛煮	4051	おから	25	① しょうが、ねぎはみじん切りにする。
	11230	鶏ひき肉	40	② 材料を混ぜ合わせて、よく練る。
	6103	しょうが	5	③ ②を一口大に丸めて、油で揚げる。
	6226	ねぎ	12	④ カツオ節でだしをとる。
	12004	鶏卵	10	⑤ ④に調味料を加えて、味つけする。
	17045	白みそ	2.3	⑥ 水溶きでんぷんでとろみをつけて、タレを作る。
	16003	酒	2.5	⑦ ⑥で③をからめる。
	14005	揚げ油	3	
	17019	カツオ節（だし用）	0.5	
		水	7.5	
	3003	上白糖	0.75	
	16025	みりん	3	
	17007	濃口しょうゆ	3	
	2034	でんぷん	2	
根菜のホットサラダ	6036	かぶ	30	① かぶはいちょう切りに、キャベツ、にんじんは短冊切りにする。
	6061	キャベツ	30	② ①としめじをゆでる。
	6212	にんじん	20	③ 調味料を合わせて、加熱する。
	8016	しめじ	30	④ ②③が熱いうちにあえる。
	3003	上白糖	0.3	
	17007	濃口しょうゆ	4.5	
	17015	酢	3.8	
	17073	一味唐辛子	0.01	
	16051	昆布茶・粉末	0.13	
牛乳	13003	牛乳	206	

料理名	エネルギー kcal	たんぱく質 g	脂質 g	塩分 g	カルシウム mg	マグネシウム mg	鉄 mg	亜鉛 mg	ビタミン A μgRE	B_1 mg	B_2 mg	C mg	食物繊維 g
ご飯	285	4.9	0.8	0	5	18	0.6	1.1	0	0.07	0.02	0	0.7
汁	41	4.3	1.8	0.8	53	18	0.9	0.5	57	0.08	0.13	3	1.9
甘辛煮	168	11.7	8.3	0.8	37	27	1.2	0.6	31	0.08	0.14	1	3.4
サラダ	28	1.7	0.2	0.8	23	13	0.4	0.2	122	0.06	0.07	8	2.5
牛乳	138	6.8	7.8	0.2	227	21	0	0.8	78	0.08	0.31	2	0
合計	660	29.4	18.9	2.6	345	97	3.1	3.2	288	0.37	0.67	14	8.5

メッセージ

　おからは豆腐を絞った時にできる食品です。日本人は昔からたんぱく質をおからなどの大豆製品からもとっていました。
　今日は、おからと鶏肉でさっぱりしたつくねに仕上げました。ヘルシーな味をお楽しみください。

麦ご飯　かぼちゃのみそ汁　**きのこ入りスクランブルエッグ**　チンゲン菜のおひたし　のりの佃煮　牛乳

献立名	食品番号	材料	分量（g）	作り方
麦ご飯	1083	精白米	70	
	1007	米粒麦	10	
		強化米	0.21	
かぼちゃの みそ汁	17023	煮干し（だし用）	2	① 煮干しでだしをとる。
		水	120	② にんじん、かぼちゃは厚めのいちょう切りに、たまねぎはスライスにする。
	6212	にんじん	10	
	6153	たまねぎ	20	③ 油揚げは短冊切りにして、油抜きする。
	6048	かぼちゃ	30	④ ①に②を加えて、煮る。
	4040	油揚げ	5	⑤ ③を加える。
	17045	白みそ	10	⑥ みそを加えて、味つけする。
きのこ入り スクランブル エッグ	14003	炒め油	2	① ねぎは小口切りに、えのきたけは1/3に切り、しめじは小房分けにし、えりんぎは斜めの半月切りにする。
	6226	ねぎ	3	
	8001	えのきたけ	15	
	8016	しめじ	15	② 油で①を炒めて、取り出す。
	8025	えりんぎ	15	③ 溶き卵に塩、こしょうを加える。
	14003	炒め油	2	④ 油で③を半熟状の炒り卵にする。
	12004	鶏卵	50	⑤ ②を加えて、炒める。
	17012	食塩	0.3	⑥ オイスターソースを加えて、味つけする。
	17064	白こしょう	0.03	
	17031	オイスターソース	1.5	
チンゲン菜の おひたし	6160	チンゲン菜	30	① チンゲン菜はざく切りに、にんじんはせん切りにする。
	6212	にんじん	5	② ①ともやしをゆでて、冷却する。
	6289	もやし	55	③ 花カツオをから煎りする。
	10091	花カツオ	1	④ 調味料を合わせて、あえる。
	7156	レモン果汁	0.5	
	17008	薄口しょうゆ	1	
のりの佃煮	9033	のり佃煮	8	
牛乳	13003	牛乳	206	

穀類・いも類　豆類　種実類　野菜類　きのこ類　藻類　単品

料理名	エネルギー kcal	たんぱく質 g	脂質 g	塩分 g	カルシウム mg	マグネシウム mg	鉄 mg	亜鉛 mg	ビタミン				食物繊維 g
									AμgRE	B₁ mg	B₂ mg	C mg	
ご飯	284	4.9	0.7	0	6	19	0.7	1.1	0	0.32	0.02	0	1.4
みそ汁	98	3.5	2.5	1.3	44	27	0.9	0.4	175	0.04	0.04	15	2.3
卵	107	7.6	7.4	0.7	27	13	1.2	1.0	75	0.11	0.36	1	1.9
あえ物	15	1.7	0	0.2	36	10	0.5	0.2	89	0.03	0.04	10	0.9
のり	6	1.2	0.1	0.5	2	8	0.3	0.1	2	0	0.02	0	0.3
牛乳	138	6.8	7.8	0.2	227	21	0	0.2	78	0.08	0.31	2	0
合計	648	25.7	18.5	2.9	342	98	3.6	3.0	419	0.58	0.79	28	6.8

メッセージ

　　11月の「きのこの日」に合わせて考えた献立です。
　きのこは長野県の特産品で、おなかの中をお掃除してくれる食物繊維がたくさん入っています。ねぎの香りがきのこ独特の香りを和らげてくれます。

まつたけ入りきのこご飯　西条白菜のみそ汁　じゃがいもの巣ごもり卵　野沢菜の彩り漬け　かぼちゃゼリー　牛乳

献立名	食品番号	材料	分量（g）	作り方
まつたけ入りきのこご飯	1083	精白米	76	① まつたけは薄切りに、しめじは小房分けにする。
	1007	米粒麦	4	② しめじをから煎りする。
		強化米	0.24	③ まつたけ、調味料を加えて、炊飯する。
	8034	まつたけ	5	④ ③に②を混ぜ合わせる。
	16001	酒	3	
	17008	薄口しょうゆ	1	
	17012	食塩	0.6	
	8016	しめじ	20	
西条白菜のみそ汁	17023	煮干し（だし用）	2	① 煮干しでだしをとる。
	6212	にんじん	5	② にんじんはいちょう切りに、白菜は短冊切りに、ねぎは小口切りに、豆腐はさいの目切りにする。
	4032	もえぎ豆腐	25	
	6233	西条白菜	20	
	8001	えのきたけ	10	③ ①ににんじんを加えて、煮る。
	17045	白みそ	10	④ 豆腐、白菜、えのきたけを加える。
	6226	ねぎ	10	⑤ みそを加えて、味つけする。
		水	120	⑥ ねぎを加える。
じゃがいもの巣ごもり卵	14003	炒め油	0.5	① じゃがいもはせん切りにして、水によくさらす。
	2017	じゃがいも	45	② 油で①を炒める。
	17012	食塩	0.2	③ 塩・こしょうで、味つけする。
	17064	白こしょう	0.02	④ カップに③を入れ、卵を割り入れる。
	12004	鶏卵	50	⑤ 蒸す。
		紙カップ	1個	
野沢菜の彩り漬け	6212	にんじん	20	① にんじん、大根はいちょう切りに、野沢菜漬けは3cmに切り、きゅうりは小口切りにする。
	6132	大根	20	
	6065	きゅうり	20	
	6230	野沢菜塩漬け	20	② 野菜をゆでて、冷却する。
	17008	薄口しょうゆ	0.5	③ 調味料を合わせて、漬ける。
	17012	食塩	0.3	
かぼちゃゼリー	6048	かぼちゃ	15	① 粉寒天に水を加えて、ふやかす。
	9027	粉寒天	0.7	② かぼちゃは皮を取り除いて、やわらかくゆでる。
		水	10	
	13003	牛乳	50	③ ②をつぶして、裏ごしする。
	3003	上白糖	7	④ ①に牛乳、砂糖を加えて、加熱する。
	13014	生クリーム	5	⑤ ③と生クリームを加える。
		ゼリーカップ	1個	⑥ カップに流して、冷却する。
牛乳	13003	牛乳	206	

料理名	エネルギー kcal	たんぱく質 g	脂質 g	塩分 g	カルシウム mg	マグネシウム mg	鉄 mg	亜鉛 mg	ビタミン A μgRE	ビタミン B₁ mg	ビタミン B₂ mg	ビタミン C mg	食物繊維 g
ご飯	295	5.6	0.9	0.7	5	21	0.8	1.2	0	0.41	0.07	1	1.4
みそ汁	49	3.8	1.9	1.4	58	25	0.8	0.4	40	0.07	0.05	5	1.6
卵	111	6.9	5.2	0.6	27	15	1.1	0.8	75	0.07	0.23	16	0.6
漬物	13	0.5	0	0.7	37	10	0.2	0.1	70	0.02	0.03	10	1.1
ゼリー	97	2.1	4.0	0.1	60	9	0.1	0.2	89	0.03	0.09	7	0.5
牛乳	138	6.8	7.8	0.2	227	21	0	0.8	78	0.08	0.31	2	0
合計	703	25.7	19.8	3.7	414	101	3.0	3.5	352	0.68	0.78	41	5.2

メッセージ

　今日の主食は、みなさんお待ちかねの「まつたけ入りきのこご飯」です。
　「においまつたけ、味しめじ」と昔からいわれるように、香りの王様「まつたけ」と味ではひけをとらない「しめじ」を使って、おいしいまつたけご飯を作りました。じっくり味わってください。

麦ご飯　**きくらげと卵のスープ**　おからバーグのケチャップソース　ポパイサラダ　牛乳

献立名	食品番号	材料	分量（g）	作り方
麦ご飯	1083	精白米	76	
	1007	米粒麦	4	
		強化米	0.24	
きくらげと卵のスープ	17023	煮干し（だし用）	3	① きくらげを洗って、もどす。
	6212	にんじん	10	② 煮干しでだしをとる。
	6153	たまねぎ	20	③ にんじんはいちょう切りに、たまねぎはスライス、えのきたけは1/2に切り、きくらげはせん切りにする。
	8001	えのきたけ	10	
	8006	きくらげ（乾）	0.4	
	17007	濃口しょうゆ	4.5	④ 小松菜はざく切りにして、下ゆでする。
	17012	食塩	0.35	⑤ ②に③を加えて、煮る。
	2034	でんぷん	1	⑥ 調味料を加えて、味つけする。
	12004	鶏卵	20	⑦ 水溶きでんぷんで、とろみをつける。
	6086	小松菜	10	⑧ 溶き卵を流し入れて、④を加える。
		水	120	
おからバーグのケチャップソース	14011	炒め油	0.4	① ハンバーグのたまねぎはみじん切りに、ソースのたまねぎはスライス、しめじは小房分けにする。
	6153	たまねぎ	20	
	4051	おから	12	
	11230	鶏ひき肉	20	② 油でハンバーグのたまねぎを炒める。
	11163	豚ひき肉	20	③ 材料を混ぜ合わせて、よく練る。
	1079	パン粉	4	④ 成形して、焼く。
	12004	鶏卵	8	⑤ マーガリンでソースのたまねぎ、しめじを炒める。
	13003	牛乳	5	
	17012	食塩	0.3	⑥ 調味料を加えて、ソースを作る。
	17063	黒こしょう	0.03	⑦ ④に⑥をかける。
	14020	マーガリン（炒め用）	0.3	
	6153	たまねぎ	5	
	8016	しめじ	6	
	16002	酒	1	
	16011	赤ワイン	1	
	17036	ケチャップ	8	
	17002	中濃ソース	2	
ポパイサラダ	6212	にんじん	3	① にんじんは短冊切りに、ほうれん草はざく切りにする。
	6267	ほうれん草	23	
	6289	もやし	30	② ①ともやしをゆでて、冷却する。
	5018	白いりごま	0.8	③ ごまをから煎りする。
	17007	濃口しょうゆ	2	④ あえる。
	17042	マヨネーズ	5	⑤ 刻みのりを加える。
	9004	焼きのり・刻み	0.5	
牛乳	13003	牛乳	206	

穀類　いも類　豆類　種実類　野菜類　きのこ類　藻類　単品

料理名	エネルギー kcal	たんぱく質 g	脂質 g	塩分 g	カルシウム mg	マグネシウム mg	鉄 mg	亜鉛 mg	ビタミン A μgRE	B₁ mg	B₂ mg	C mg	食物繊維 g
ご飯	286	4.9	0.8	0	5	18	0.6	1.1	0	0.37	0.03	0	0.7
スープ	52	3.6	2.1	1.1	23	18	0.8	0.5	132	0.05	0.14	6	1.7
ハンバーグ	156	12.6	7.8	0.9	32	28	1.2	1.1	38	0.24	0.17	3	2.4
サラダ	53	1.7	4.3	0.4	30	25	0.8	0.3	119	0.04	0.08	12	1.6
牛乳	138	6.8	7.8	0.2	206	21	0	0.8	78	0.08	0.31	2	0
合計	685	29.6	22.8	2.6	296	110	3.4	3.8	367	0.78	0.73	23	6.4

メッセージ

　ハンバーグに入ったおからは食物繊維たっぷりなだけではありません。ふんわりおいしくするためにも大事な材料のひとつです。
　卵のスープに入っているきくらげは、歯ごたえがあります。
　ポパイサラダはたっぷり入った焼きのりが人気のひみつ。もちろん、おなかの中を掃除してくれる食物繊維がいっぱいです。もりもり食べてくださいね。

麦ご飯　**具だくさんみそ汁**　サケのきのこソース焼き　大根サラダ　プルーン　牛乳

献立名	食品番号	材料	分量（g）	作り方
麦ご飯	1083	精白米	76	
	1007	米粒麦	4	
具だくさん 　　みそ汁	17019	カツオ節（だし用）	1.2	① カツオ節、煮干しでだしをとる。
	17023	煮干し（だし用）	1.2	② にんじんはいちょう切りに、たまねぎはスライス、ねぎは小口切りに、豆腐はさいの目切りにする。
	6212	にんじん	5	
	6153	たまねぎ	20	
	8020	なめこ	20	③ ①に根菜を加えて、煮る。
	4032	木綿豆腐	30	④ なめこ、豆腐を加える。
	17045	白みそ	11	⑤ みそを加えて、味つけする。
	9040	ワカメ（乾）	0.4	⑥ ワカメ、ねぎを加える。
	6226	ねぎ	8	
		水	120	
サケの 　きのこソース 　　焼き	10149	サケ・切り身	50	① にんじんはせん切りに、えのきたけは1/2に切り、しめじ、まいたけは小房分けにする。
	14017	バター（炒め用）	2	② 水菜は3cmに切って、下ゆでする。
	6212	にんじん	5	③ バターでにんじん、きのこを炒める。
	8001	えのきたけ	12	④ 小麦粉をふるいながら加えて、炒める。
	8016	しめじ	10	⑤ 牛乳をダマにならないように少しずつ加えて、ホワイトソースを作る。
	8028	まいたけ	6	⑥ 塩、こしょうを加えて味つけし、きのこソースを作る。
	1015	薄力粉	2	⑦ 鉄板にサケを並べて、上に⑥をかける。
	13003	牛乳	10	⑧ ②をちらして、焼く。
	17012	食塩	0.3	
	17064	白こしょう	0.02	
	6272	水菜	5	
大根サラダ	6132	大根	40	① 大根はせん切りに、キャベツは短冊切りに、きゅうりは小口切りにする。
	6061	キャベツ	5	② ①をゆでて、冷却する。
	6065	きゅうり	7	③ ごまをから煎りする。
	5018	白いりごま	0.5	④ 調味料を合わせて、あえる。
	3003	上白糖	0.2	
	17016	酢	2	
	17012	食塩	0.4	
	17064	白こしょう	0.02	
	14003	米ぬか油	1	
プルーン	7081	プルーン	50	
牛乳	13003	牛乳	206	

料理名	エネルギー kcal	たんぱく質 g	脂質 g	塩分 g	カルシウム mg	マグネシウム mg	鉄 mg	亜鉛 mg	ビタミン				食物繊維 g
									AμgRE	B₁ mg	B₂ mg	C mg	
ご飯	285	4.9	0.8	0	5	18	0.6	1.1	0	0.07	0.02	0	0.7
みそ汁	55	3.7	2.0	1.5	58	27	0.7	0.5	42	0.03	0.02	3	1.4
サケ	107	12.7	4.4	0.6	23	23	0.4	0.5	76	0.21	0.18	5	1.4
サラダ	23	0.5	1.3	0.4	20	8	0.1	0.1	2	0.01	0	8	0.9
くだもの	25	0.4	0.1	0	3	4	0.1	0.1	20	0.02	0.02	2	1.0
牛乳	138	6.8	7.8	0.2	227	21	0	0.8	80	0.08	0.31	2	0
合計	633	29.0	16.4	2.7	336	101	1.9	3.1	220	0.42	0.55	20	5.4

メッセージ

　食欲の秋になりました。今日は長野県の特産品のひとつ、きのこを使った献立です。
　サケのきのこソース焼きには、えのきたけ、しめじ、まいたけの3種類が使われています。また、具だくさんみそ汁には、なめこが使われています。
　きのこは、食物繊維を多く含んでいるので体調を整えてくれます。今日は、ほかにも地元で作られている野菜をたくさん使ってあります。みなさん、食べてみてどうでしょうか？　今日の量ぐらいのきのこ、野菜、りんごなどを食べると、全体として食物繊維の量がちょうどよくなります。きのこや野菜をたくさん食べてください。

麦ご飯　ワカメスープ　**ハンバーグきのこソース**　かんぴょうのごまみそあえ　プルーン　牛乳

献立名	食品番号	材料	分量（g）	作り方
麦ご飯	1083	精白米	72	
	1006	押麦	8	
ワカメスープ	6151	たけのこ（水煮）	10	① たけのこは薄切りに、なるとは斜め半月切りに、ねぎは小口切りに、チンゲン菜はざく切りにする。
	10384	なると	8	② たけのこ、なると、ホタテフレークを煮る。
	10315	ホタテフレーク	6	
	17024	鶏がらスープ	5	③ 調味料を加えて、味つけする。
	16023	酒	0.8	④ ワカメ、ねぎ、チンゲン菜を加える。
	17008	薄口しょうゆ	4	
	17012	食塩	0.3	
	17064	白こしょう	0.03	
	9040	ワカメ（乾）	0.6	
	6226	ねぎ	8	
	6160	チンゲン菜	10	
		水	160	
ハンバーグきのこソース	18013	ハンバーグ（冷）	60	① しめじは小房分けにし、えりんぎは斜め半月切りに、えのきたけは1/2に切る。
	14003	焼き油	0.5	② ハンバーグを焼く。
	14017	バター（炒め用）	0.5	③ バターできのこを炒める。
	8016	しめじ	10	④ 調味料を加えて味つけし、ソースを作る。
	8025	えりんぎ	10	⑤ ④を②にかける。
	8001	えのきたけ	10	
		ブラウンソースの素	3	
	17012	食塩	0.1	
	17064	白こしょう	0.03	
かんぴょうのごまみそあえ	6056	かんぴょう・カット	3	① かんぴょうを洗って、もどす。
	6212	にんじん	6	② にんじんはせん切りに、ほうれん草はざく切りに、さつま揚げは1/2の短冊切りにする。
	6267	ほうれん草	20	
	6289	もやし	10	③ ①②をゆでて、冷却する。
	10386	さつま揚げ	7	④ ごまをから煎りする。
	5018	白すりごま	3	⑤ 調味料を合わせて、あえる。
	3003	上白糖	2.5	
	17045	みそ	3	
	17007	濃口しょうゆ	2	
プルーン	7081	プルーン	50	
牛乳	13003	牛乳	206	

穀類　いも類　豆類　種実類　野菜類　きのこ類　藻類　単品

料理名	エネルギー kcal	たんぱく質 g	脂質 g	塩分 g	カルシウム mg	マグネシウム mg	鉄 mg	亜鉛 mg	ビタミン A μgRE	B_1 mg	B_2 mg	C mg	食物繊維 g
ご飯	283	4.9	0.7	0	5	19	0.7	1.1	0	0.06	0.01	0	1.2
スープ	21	2.6	0	1.3	24	10	0.1	0.2	18	0	0.01	3	0.7
ハンバーグ	149	9.0	9.1	0.9	23	5	1.2	0.3	14	0.15	0.21	2	1.2
あえ物	60	2.9	2.2	0.8	65	34	1.0	0.4	116	0.03	0.07	8	2.3
くだもの	25	0.4	0.1	0	3	4	0.1	0.1	40	0.02	0.02	2	1.0
牛乳	138	6.8	7.8	0.2	227	21	0	0.8	78	0.08	0.31	2	0
合計	676	26.6	19.9	3.2	347	93	3.1	2.9	266	0.34	0.63	17	6.4

メッセージ

　ハンバーグはみんな大好きですね。今日は秋の味覚、きのこを使ってソースを作りました。ハンバーグにかけて食べてくださいね。
　ごまみそあえには、かんぴょうが入っています。おすしを作るとき、のり巻きの芯にしますね。畑ではきゅうりのお母さんのように、大きく太くなります。この中身をくりぬいて、皮をむいてうすく切って干すと、かんぴょうになります。かんぴょうは、おなかの調子を整える食物繊維を多く含んでいます。

麦ご飯　**きのこ汁**　蒸し鶏のごまダレ　ごぼうサラダ　みかん　牛乳

献立名	食品番号	材料	分量（g）	作り方
麦ご飯	1083	精白米	70	
	1007	米粒麦	3.5	
	0.21	強化米	0.21	
きのこ汁	17019	カツオ節（だし用）	1.2	① カツオ節でだしをとる。
	8016	しめじ	8	② しいたけを洗って、もどす。
	8001	えのきたけ	8	③ しめじは小房分けにし、えのきたけは
	8020	なめこ	5	1/2に切り、しいたけはスライス、豆腐
	8013	しいたけ（乾）	1	はさいの目切りに、みつ葉は3cmに切る。
	4032	木綿豆腐	18	④ ①にきのこ、豆腐を加えて、煮る。
	17046	赤みそ	8	⑤ みそを加えて、味つけする。
	6276	みつ葉	5	⑥ みつ葉を加える。
		水	140	＊しいたけのもどし汁も使う。
蒸し鶏の	11220	鶏むね肉・切り身	60	① しょうがはすりおろす。
ごまダレ	6103	しょうが	1	② 鶏肉に下味をつける。
	16025	みりん	1	③ ②を蒸す。
	17007	濃口しょうゆ	2	④ 調味料を加熱して、タレを作る。
	5018	黒すりごま	3	⑤ ④を③にかける。
	3003	上白糖	1	
	17007	濃口しょうゆ	2	
	17016	酢	0.1	
ごぼうサラダ	6212	にんじん	8	① にんじんはせん切りに、ごぼうはささが
	6084	ごぼう	18	き、きゅうりは斜め半月切りにする。
	6065	きゅうり	15	② ①とコーンをゆでて、冷却する。
	6177	ホールコーン（冷）	7	③ さきイカをから煎りする。
	10354	さきイカ	5	④ 調味料を合わせて、あえる。
	3003	上白糖	0.3	
	17008	薄口しょうゆ	0.25	
	17016	酢	2	
	14002	ごま油	0.15	
	17042	マヨネーズ	6	
みかん	7026	みかん	90	
牛乳	13003	牛乳	206	

料理名	エネルギー kcal	たんぱく質 g	脂質 g	塩分 g	カルシウム mg	マグネシウム mg	鉄 mg	亜鉛 mg	ビタミン A μgRE	B$_1$ mg	B$_2$ mg	C mg	食物繊維 g
ご飯	286	4.9	0.8	0	5	18	0.6	1.1	0	0.37	0.03	0	0.7
汁	39	3.9	1.2	1.0	36	18	0.8	0.2	7	0.05	0.08	2	1.7
蒸し鶏	96	12.3	3.9	0.7	41	27	0.7	1.4	11	0.06	0.14	2	0.4
サラダ	79	2.6	4.9	0.4	15	17	0.1	0.3	66	0.03	0.03	3	1.6
くだもの	41	0.5	0.1	0	15	10	0.1	0.1	78	0.06	0.04	32	0.6
牛乳	138	6.8	7.8	0.2	227	21	0	0.8	78	0.08	0.31	2	0
合計	679	31.0	18.7	2.3	339	111	2.3	3.9	240	0.65	0.63	41	5.0

メッセージ

　　地域の特産物のしめじを使ってきのこ汁にしました。しめじは苦手という人もいると思いますが、きのこには食物繊維がたくさん含まれています。
　　決まった時間に毎日快便があるという人がベストの腸ですが、なかなか出にくい人は食物繊維の多いきのこなどを食べるようにするといいですよ。

ヒジキご飯　なめこと野菜のみそ汁　ニジマスのカレー焼き　ごぼうサラダ　牛乳

献立名	食品番号	材料	分量（g）	作り方
ヒジキご飯	1083	精白米	65	① 炊飯する。
				② ヒジキ、しいたけを洗って、もどす。
	14011	炒め油	1	③ にんじん、しいたけはせん切りに、ちく
	9031	芽ヒジキ（乾）	1.8	わは半月切りにする。
	8013	しいたけ（乾）	0.3	④ 油揚げは短冊切りにして、油抜きする。
	6212	にんじん	5	⑤ しらたきは短く切って、下ゆでする。
	10381	ちくわ	6	⑥ 油で材料を炒める。
	4040	油揚げ	4	⑦ 調味料を加えて、味つけする。
	2005	しらたき	4	⑧ ①に⑦を混ぜ合わせる。
	3004	三温糖	1	＊ しいたけのもどし汁はみそ汁に使う。
	16011	酒	0.8	
	16025	みりん	0.8	
	17007	濃口しょうゆ	5	
なめこと野菜の みそ汁	17023	煮干し（だし用）	2	① 煮干しでだしをとる。
	6212	にんじん	7	② にんじんはいちょう切りに、白菜は短冊
	6233	白菜	25	切りに、ねぎは小口切りに、豆腐はさい
	4032	木綿豆腐	20	の目切りにする。
	2003	こんにゃく	10	③ こんにゃくは短冊切りにして、下ゆです
	8020	なめこ	20	る。
	17045	みそ	11	④ ①ににんじんを加えて、煮る。
	9040	ワカメ（乾）	0.5	⑤ 白菜、豆腐、なめこ、③を加える。
	6226	ねぎ	10	⑥ みそを加えて、味つけする。
		水	120	⑦ ワカメ、ねぎを加える。
ニジマスの カレー焼き	10148	ニジマス	50	① ニジマスに下味をつける。
	16025	みりん	1	② 焼く。
	17007	濃口しょうゆ	3.5	
	17061	カレー粉	0.3	
ごぼうサラダ	6212	にんじん	5	① にんじんはせん切り、きゅうりは小口切
	6084	ごぼう・せん切り	20	りにする。
	6065	きゅうり	18	② ①とごぼうをゆでて、冷却する。
	5018	白いりごま	2	③ ごまをから煎りする。
	17007	濃口しょうゆ	0.5	④ 調味料を合わせて、あえる。
	17012	食塩	0.2	
	17065	こしょう	0.02	
	17042	マヨネーズ	6	
牛乳	13003	牛乳	206	

穀類　いも類　豆類　種実類　野菜類　きのこ類　藻類　単品

料理名	エネルギー kcal	たんぱく質 g	脂質 g	塩分 g	カルシウム mg	マグネシウム mg	鉄 mg	亜鉛 mg	ビタミン AμgRE	B₁ mg	B₂ mg	C mg	食物繊維 g
ご飯	277	6.1	3.0	0.9	46	36	1.9	1.0	43	0.06	0.04	0	1.4
みそ汁	52	3.6	1.7	1.7	65	26	0.4	0.4	58	0.05	0.05	6	2.5
ニジマス	69	10.2	2.3	0.6	15	17	0.3	0.3	9	0.11	0.06	1	0.1
サラダ	72	1.1	5.6	0.4	40	22	0.4	0.3	44	0.03	0.02	4	1.7
牛乳	138	6.8	7.8	0.2	227	21	0	0.8	78	0.08	0.31	2	0
合計	608	27.8	20.4	3.8	393	122	3.0	2.8	232	0.33	0.48	13	5.7

メッセージ

　今日の献立は、ヒジキ、ごぼう、きのこなど食物繊維がいっぱいのメニューです。食物繊維は、おなかの調子を整えて便秘を予防してくれるので、たくさん食べましょう。
　ニジマスは、下味にカレーの香りをつけたのでとっても食べやすくなっています。

穀類 / いも類 / 豆類 / 種実類 / 野菜類 / きのこ類 / 藻類 / 単品

野沢菜ご飯　きのこ汁　鶏肉とさつまいものケチャップあえ　ごまあえ　牛乳

献立名	食品番号	材料	分量（g）	作り方
野沢菜ご飯	1083	精白米	65	① 炊飯する。
	6230	野沢菜塩漬け	15	② 野沢菜漬けはみじん切りにする。
	10137	塩サケ・切り身皮なし	10	③ サケは焼いて、細かくほぐす。
	16001	酒	0.6	④ ②③に調味料を加えて、味つけする。
	16025	みりん	0.6	⑤ ごまをから煎りする。
	17007	濃口しょうゆ	0.5	⑥ ①に④⑤を混ぜ合わせる。
	5018	白いりごま	1	
きのこ汁	17023	煮干し（だし用）	2	① 煮干しでだしをとる。
	6212	にんじん	8	② にんじんはいちょう切りに、たまねぎは
	6153	たまねぎ	20	スライス、しめじは小房分けにし、えの
	8016	しめじ	10	きたけは1/2に切り、ねぎは小口切りに、
	8001	えのきたけ	10	豆腐はさいの目切りにする。
	8020	なめこ	15	③ ①に根菜を加えて、煮る。
	4032	木綿豆腐	30	④ きのこ、豆腐を加える。
	17045	白みそ	10	⑤ みそを加えて、味つけする。
	6226	ねぎ	6	⑥ ねぎを加える。
		水	120	
鶏肉とさつまいもの ケチャップあえ	11216	鶏もも肉・一口大	35	① さつまいもは乱切りにして、油で素揚げ
	2034	でんぷん	6	にする。
	2006	さつまいも	30	② 鶏肉はでんぷんをまぶして、油で揚げる。
	14011	揚げ油	6	③ 調味料を加熱して、タレを作る。
	3004	三温糖	1.5	④ ③を①②にからめる。
	16010	白ワイン	2	
	17036	ケチャップ	8	
		水	6	
ごまあえ	62267	ほうれん草	25	① ほうれん草はざく切りに、キャベツは短
	6061	キャベツ	25	冊切りにする。
	6289	もやし	25	② ①ともやしをゆでて、冷却する。
	5018	白いりごま	1.8	③ ごまをから煎りする。
	5017	白すりごま	1.8	④ 調味料を合わせて、あえる。
	3004	三温糖	0.2	
	17007	濃口しょうゆ	4.2	
牛乳	13003	牛乳	206	

料理名	エネルギー kcal	たんぱく質 g	脂質 g	塩分 g	カルシウム mg	マグネシウム mg	鉄 mg	亜鉛 mg	ビタミン A μgRE	B$_1$ mg	B$_2$ mg	C mg	食物繊維 g
ご飯	257	6.7	1.7	0.6	38	25	0.8	1.0	20	0.08	0.05	4	0.8
汁	61	4.6	2.2	1.4	60	29	0.9	0.6	61	0.10	0.08	4	2.5
揚げ物	173	7.1	7.5	0.3	16	18	0.5	0.8	10	0.06	0.19	11	0.8
あえ物	41	2.2	2.2	0.4	69	38	1.2	0.6	89	0.07	0.09	21	2.0
牛乳	138	6.8	7.8	0.2	206	21	0	0.8	78	0.08	0.31	2	0
合計	670	27.4	21.4	2.9	389	131	3.4	3.8	258	0.39	0.72	42	6.1

メッセージ

　秋が旬のさつまいもや、ほうれん草、キャベツ、野沢菜などの野菜、そして、しめじ、なめこ、えのきたけなどのきのこ類をたくさん使った、食物繊維いっぱいのヘルシーメニューです。
　鶏肉といもの揚げ物は、みなさんの好きな肉だけでなく甘くておいしいさつまいもも使いました。2つの味がマッチしてとてもおいしく仕上がりました。たくさん食べてくださいね。

五平餅　かきたま汁　炒り鶏　**小魚入りおひたし**　牛乳

献立名	食品番号	材料	分量（g）	作り方
五平餅	1083	精白米	76	① 調味料を弱火で加熱して、煮詰める。
	1007	米粒麦	4	ポタッと落ちるぐらいに煮詰まったら、
		強化米	0.24	タレの出来上がり。
	5018	黒すりごま	1	＊五平餅は業者に作ってもらう。
	3004	三温糖	5	
	17045	みそ	5	
	16025	みりん	2.5	
かきたま汁	17019	カツオ節（だし用）	2	① カツオ節でだしをとる。
	6212	にんじん	5	② にんじんは短冊切りに、たまねぎはスライス、しめじは小房分けにする。
	6153	たまねぎ	20	③ ①に根菜を加えて、煮る。
	8016	しめじ	10	④ しめじ、かまぼこを加える。
	10376	糸かまぼこ	8	⑤ 調味料を加えて、味つけする。
	16025	みりん	1	⑥ 水溶きでんぷんで、とろみをつける。
	17008	薄口しょうゆ	4	⑦ 溶き卵を流し入れる。
	17012	食塩	0.15	⑧ ワカメを加える。
	2034	でんぷん	1	
	12004	鶏卵	20	
	9040	ワカメ（乾）	0.4	
		水	120	
炒り鶏	17019	カツオ節（だし用）	0.2	① しいたけを洗って、もどす。
		水	10	② カツオ節でだしをとる。
	14004	炒め油	1.5	③ 野菜はすべて乱切りにする。
	11224	鶏もも肉・こま切れ	25	④ こんにゃくは乱切りにして、下ゆでする。
	6212	にんじん	12	⑤ えだまめは下ゆでする。
	6084	ごぼう	20	⑥ 油で鶏肉と③④を炒める。
	6317	れんこん	15	⑦ ②を加えて、煮る。
	6151	たけのこ（水煮）	20	⑧ 調味料を加えて、照りが出るまで煮含める。
	8013	しいたけ（乾）	1	⑨ ⑤を加える。
	2003	こんにゃく	15	
	3004	三温糖	1.5	
	16001	酒	2	
	16025	みりん	2	
	17007	濃口しょうゆ	4	
	6017	むきえだまめ（冷）	3	
小魚入りおひたし	6267	ほうれん草	15	① カツオ節でだしをとる。
	6061	キャベツ	15	② ①にしょうゆを加えて、冷却する。
	6289	もやし	10	③ ほうれん草、キャベツは短冊切りに、えのきたけは1/2に切る。
	8001	えのきたけ	10	④ ③ともやしをゆでて、冷却する。
	10055	シラス干し	4	⑤ シラス干しを蒸す。
	17019	カツオ節（だし用）	0.1	⑥ あえる。
		水	1	
	17008	薄口しょうゆ	2	
牛乳	13003	牛乳	206	

料理名	エネルギー kcal	たんぱく質 g	脂質 g	塩分 g	カルシウム mg	マグネシウム mg	鉄 mg	亜鉛 mg	ビタミン A μgRE	ビタミン B_1 mg	ビタミン B_2 mg	ビタミン C mg	食物繊維 g
五平餅	327	5.7	1.6	0.6	22	26	0.9	1.3	0	0.38	0.04	0	1.0
汁	55	4.3	2.2	1.1	29	14	0.4	0.4	73	0.04	0.11	3	0.9
炒り鶏	99	7.0	2.7	0.7	29	28	0.8	0.8	96	0.08	0.10	10	3.1
あえ物	16	2.0	0.2	0.5	23	20	0.4	0.2	60	0.05	0.06	12	1.2
牛乳	138	6.8	7.8	0.2	227	21	0	0.8	78	0.08	0.31	0	0
合計	635	25.8	14.5	3.1	330	109	2.5	3.5	307	0.63	0.62	25	6.2

メッセージ

　秋は収穫の季節です。昔からお米の収穫が終わると、1年間の収穫に感謝してお米や野菜を神様にお供えして豊作を感謝する「収穫祭」が行われます。その時、長野県上伊那地方では五平餅が作られます。今日はその五平餅の献立です。
　秋といえばきのこも旬ですね。今日の献立にはきのこもたくさん入っています。どんなきのこが入っているか探してみましょう。きのこには食物繊維がたっぷり含まれていて、おなかの調子を良くしてくれます。

ツイストパン　ホタテとチンゲン菜のシチュー　**きのこのサラダ**　とうもろこし　牛乳

献立名	食品番号	材料	分量（g）	作り方
ツイストパン		ツイストパン	93	
ホタテと チンゲン菜の シチュー	14017	バター（炒め用）	0.5	① にんじんはいちょう切りに、たまねぎは角切りに、チンゲン菜はざく切りにする。 ② バターで小麦粉を炒め、牛乳と水で溶いたスキムミルクを加えて、ホワイトソースを作る。 ③ バターで根菜を炒める。 ④ 煮る。 ⑤ ホタテ、チンゲン菜、マッシュルーム、コーンを加える。 ⑥ ②と調味料を加えて、味つけする。 ⑦ 生クリームを加える。
	6212	にんじん	20	
	6153	たまねぎ	40	
	10313	ホタテ貝柱・1/4カット	20	
	6160	チンゲン菜	25	
	8033	マッシュルーム（水煮）	10	
	6177	ホールコーン（冷）	10	
	14017	バター（ルウ用）	4	
	1016	薄力粉	4	
	13003	牛乳	40	
	13010	スキムミルク	3	
		水	40	
	17012	食塩	0.7	
	17064	白こしょう	0.05	
	13014	生クリーム	3	
きのこのサラダ	2017	じゃがいも	40	① じゃがいもは細めの拍子木切りにして、油で素揚げにする。 ② にんじんはせん切りに、きゅうりは斜めに半月切りにし、しめじは小房に分け、えのきたけは1/2に切る。 ③ ②はゆでて、冷却する。 ④ 調味料を合わせて、あえる。
	14011	揚げ油	2	
	6212	にんじん	5	
	6065	きゅうり	20	
	8016	しめじ	10	
	8001	えのきたけ	10	
	7156	レモン果汁	2.5	
	17007	濃口しょうゆ	2	
	17064	白こしょう	0.03	
とうもろこし	6175	とうもろこし	40	① 蒸す。
牛乳	13003	牛乳	206	

料理名	エネルギー kcal	たんぱく質 g	脂質 g	塩分 g	カルシウム mg	マグネシウム mg	鉄 mg	亜鉛 mg	ビタミン				食物繊維 g
									AμgRE	B_1 mg	B_2 mg	C mg	
パン	271	8.4	3.6	1.3	19	24	0.8	0.7	0	0.14	0.07	0	2.0
シチュー	158	7.8	6.8	1.0	121	31	0.3	1.1	248	0.08	0.18	11	2.1
サラダ	58	1.4	2.0	0.3	7	15	0.5	0.3	38	0.08	0.09	18	1.5
もろこし	37	1.4	0.7	0	1	15	0.3	0.4	2	0.06	0.04	3	1.2
牛乳	138	6.8	7.8	0.2	227	21	0	0.8	78	0.08	0.31	2	0
合計	662	25.8	20.9	2.8	375	106	1.9	3.3	366	0.44	0.69	34	6.8

メッセージ

　今日は、食物繊維がたくさん含まれているぶなしめじ、えのきたけを使ってきのこのサラダを作りました。ぶなしめじといってもどれも白く、わからない人もいるかと思います。サラダ用に開発されたホワイトぶなしめじです。油で揚げたじゃがいもとさっぱりしたレモンドレッシングで食べましょう。

中学校
うどん風ソフトめんのきのこうどん　月見だんご　くるみあえ　りんご　牛乳

献立名	食品番号	材料	分量（g）	作り方
うどん風ソフトめん		うどん風ソフトめん	250	
きのこうどん汁	17019	カツオ節（だし用）	2	① カツオ節でだしをとる。
		水	200	② にんじんは短冊切りに、しいたけはせん
	11130	豚もも肉・こま切れ	25	切りに、しめじは小房に分け、えのきた
	6212	にんじん	10	けは1/2に切り、ねぎは小口切りにする。
	8011	生しいたけ	13	③ 油揚げは短冊切りにして、油抜きする。
	8016	しめじ	13	④ ①に豚肉、にんじんを加えて、煮る。
	8001	えのきたけ	13	⑤ きのこと③を加える。
	8020	なめこ	13	⑥ 調味料を加えて、味つけする。
	4040	油揚げ	8	⑦ ねぎを加える。
	16025	みりん	4	
	17007	濃口しょうゆ	10	
	6226	ねぎ	10	
月見だんご	1114	上新粉	20	① 粉を混ぜ合わせて耳たぶくらいのかたさ
	1120	白玉粉	15	にこね、丸めてエクボを作る。
		水	適量	② ①をゆでて、冷却する。
	6017	むきえだまめ（冷）	13	③ えだまめをゆでて、ミキサーでつぶす。
	3003	上白糖	3	④ ③と調味料を加熱して、タレを作る。
	17012	食塩	0	⑤ ②に④をかける。
		水	適量	
くるみあえ	6212	にんじん	5	① にんじん、ほうれん草、白菜は短冊切り
	6267	ほうれん草	20	にする。
	6233	白菜	20	② ①ともやし、つきこんをゆでて、冷却す
	6212	にんじん	5	る。
	6289	もやし	12	③ くるみをオーブンで焼き、すり鉢ですり
	2003	つきこんにゃく	12	つぶす。
	5014	くるみ・刻み	6	④ ③と調味料を加熱して、冷却する。
	3004	上白糖	2	⑤ あえる。
	17045	白みそ	3	
	17007	濃口しょうゆ	2	
りんご	7148	りんご	50	① 1/4に切り分ける。
牛乳	13003	牛乳	206	

穀類　いも類　豆類　種実類　野菜類　きのこ類　藻類　単品

料理名	エネルギー kcal	たんぱく質 g	脂質 g	塩分 g	カルシウム mg	マグネシウム mg	鉄 mg	亜鉛 mg	ビタミン A μgRE	ビタミン B₁ mg	ビタミン B₂ mg	ビタミン C mg	食物繊維 g
うどん	370	9.8	2.0	0	28	25	1.3	0.5	0	0.25	0.05	0	2.3
汁	110	9.0	5.4	1.5	35	31	1.0	1.2	77	0.32	0.15	3	2.5
だんご	158	3.6	1.2	0.1	10	14	0.8	0.6	3	0.06	0.02	4	0.9
あえ物	69	2.5	4.6	0.7	40	33	1.0	0.3	110	0.06	0.07	12	2.3
くだもの	27	0.1	0.1	0	2	2	0	0	1	0.01	0.01	2	0.8
牛乳	138	6.8	7.8	0.2	227	21	0	0.8	78	0.08	0.31	2	0
合計	872	31.8	21.1	2.5	342	126	4.1	3.4	269	0.78	0.61	23	8.8

メッセージ

　昔の暦の8月15日の夜のことを「十五夜」といい、まーるいお月様におだんごやその時期にとれる作物をお供えします。里芋やえだまめをそなえて収穫を喜ぶことから「芋名月」「豆名月」ともいわれます。
　今日は、秋の味覚たっぷりのきのこうどん、丸いおだんごにえだまめのタレをかけた月見だんご、秋においしいくるみのあえ物のお月見献立です。今夜はきれいなお月様が見えると良いですね。

減量麦ご飯　すいとん汁　焼きシシャモ　**ヒジキと大豆の煮物**　いちご　牛乳

献立名	食品番号	材料	分量（g）	作り方
減量麦ご飯	1083	精白米	66.5	
	1006	押麦	3.5	
		強化米	0.2	
すいとん汁	17023	煮干し（だし用）	2	① しいたけを洗って、もどす。
	6212	にんじん	10	② 煮干しでだしをとる。
	6153	たまねぎ	20	③ にんじんはいちょう切りに、たまねぎはスライス、しいたけはせん切りに、白菜はざく切りに、ねぎはみじん切りにする。
	8013	しいたけ（乾）	1	
	6233	白菜	20	
	17045	白みそ	8	④ すいとんの材料を練って、寝かしておく。
	1015	すいとん粉	20	⑤ ②に根菜を加えて、煮る。
	6226	ねぎ	2	⑥ しいたけ、白菜を加える。
	14002	ごま油	0.5	⑦ みそを加えて、味つけする。
		水	適量	⑧ ④を一口大にちぎって、加える。
		水	130	＊ しいたけのもどし汁も使う。
焼きシシャモ	10182	シシャモ	30	① 焼く。
ヒジキと大豆の煮物	14003	炒め油	1	① 大豆を洗って、もどしておく。
	6212	にんじん	10	② ①をかためにゆでる。
	6084	ごぼう	10	③ ヒジキを洗って、もどす。
	9031	芽ヒジキ（乾）	2	④ にんじんは短冊切りに、ごぼうはささがきにする。
	2003	つきこんにゃく	10	
	4023	大豆（乾）	10	⑤ つきこんにゃくは下ゆでする。
	3004	三温糖	2.5	⑥ 油で③④⑤を炒める。
	16003	酒	2	⑦ ②と調味料を加えて、煮る。
	17007	濃口しょうゆ	3.7	
いちご	7012	いちご（2個）	30	
牛乳	13003	牛乳	206	

料理名	エネルギー kcal	たんぱく質 g	脂質 g	塩分 g	カルシウム mg	マグネシウム mg	鉄 mg	亜鉛 mg	ビタミン A μgRE	B₁ mg	B₂ mg	C mg	食物繊維 g
ご飯	250	4.3	0.7	0	4	16	0.5	0.9	0	0.31	0.02	0	0.6
汁	111	3.3	1.3	1.1	30	14	0.5	0.2	78	0.07	0.04	6	2.2
シシャモ	53	4.7	3.5	0.5	105	17	0.4	0.6	36	0.01	0.09	0	0
煮物	81	4.3	2.9	0.6	65	44	2.2	0.4	81	0.11	0.06	0	3.7
くだもの	10	0.3	0	0	5	4	0.1	0.1	1	0.01	0.01	19	0.4
牛乳	138	6.8	7.8	0.2	227	21	0	0.8	78	0.08	0.31	2	0
合計	643	23.7	16.2	2.4	436	116	3.7	3.0	274	0.59	0.53	27	6.9

メッセージ

　　　ヒジキと大豆の煮物はご飯に合うおかずのひとつですね。ヒジキ、大豆、こんにゃく、ごぼう…食物繊維がたっぷりの煮物なので、おなかの中がすっきりしますよ。ご飯と一緒に食べましょう。

中学校

麦ご飯　みそけんちん汁　春の天ぷら　**刻み昆布の煮物**　牛乳

献立名	食品番号	材料	分量（g）	作り方
麦ご飯	1083	精白米	100	
	1006	押麦	5	
みそけんちん汁	17023	煮干し（だし用）	2	① 煮干しでだしをとる。
	14003	炒め油	1	② 里芋、にんじん、大根は厚めのいちょう切りに、ごぼうはささがき、たまねぎはスライス、豆腐はさいの目切りに、ねぎは小口切りにする。
	11220	鶏むね肉・こま切れ	10	
	2010	里芋	40	
	6212	にんじん	5	
	6084	ごぼう	10	③ こんにゃくは短冊切りにして、下ゆでする。
	6132	大根	20	
	6153	たまねぎ	30	④ 油で鶏肉、根菜を炒める。
	4032	木綿豆腐	35	⑤ ①を加えて、煮る。
	2003	こんにゃく	10	⑥ 豆腐と③を加える。
	17045	白みそ	11.5	⑦ 調味料を加えて、味つけする。
	16003	酒	1	⑧ ねぎを加える。
	6226	ねぎ	5	
		水	120	
春の天ぷら	10329	ブラックタイガー（2尾）	40	① 天ぷらの衣を作る。
	6258	ふきのとう（1個）	10	② 材料に衣をつけて、油で揚げる。
	6083	こごみ（2本）	20	＊ エビとふきのとうは1つずつ揚げる。
	1015	薄力粉	18	＊ こごみは2本を一緒に揚げる。
	12004	鶏卵	5	
	17012	食塩	0.2	
	14003	揚げ油	10	
刻み昆布の煮物	2017	じゃがいも	30	① 昆布を洗って、もどす。
	6212	にんじん	10	② じゃがいも、にんじんは厚めのいちょう切りに、たまねぎはスライスにする。
	6153	たまねぎ	20	
	9020	昆布・刻み	6	③ ひたひたの水加減で、材料を煮る。
	3004	三温糖	1	④ 調味料を加えて、煮含める。
	16001	酒	1	
	16025	みりん	2	
	17007	濃口しょうゆ	3	
		水	15	
牛乳	13003	牛乳	206	

料理名	エネルギー kcal	たんぱく質 g	脂質 g	塩分 g	カルシウム mg	マグネシウム mg	鉄 mg	亜鉛 mg	ビタミン A μgRE	B₁ mg	B₂ mg	C mg	食物繊維 g
ご飯	373	6.6	1.0	0	6	25	0.9	1.5	0	0.09	0.02	0	1.0
汁	128	6.7	4.8	1.6	87	45	1.2	0.8	42	0.10	0.05	7	3.4
天ぷら	209	10.3	10.9	0.4	45	28	0.5	1.0	31	0.06	0.08	6	2.1
煮物	52	1.3	0	1.1	65	54	0.7	0.2	78	0.06	0.04	13	3.3
牛乳	138	6.8	7.8	0.2	227	21	0	0.8	78	0.08	0.31	2	0
合計	900	31.7	24.5	3.3	430	173	3.3	4.3	229	0.39	0.50	28	9.8

メッセージ

　　刻み昆布の煮物は、長野県小谷村の郷土料理講習会で、地元の食生活改善推進協議会の方から教えてもらった、海の近い小谷村に昔から伝わる郷土料理のひとつです。みなさんは家で食べたことがありますか？冬場など野菜がなかなか手に入らない時期の保存食として利用されてきました。昔の人の知恵ですね。

中学校

青豆ご飯　うま煮　鶏肉の照り焼き　**くるみあえ**　サンフルーツ　牛乳

献立名	食品番号	材料	分量（g）	作り方
青豆ご飯	1083	精白米	65	① 塩を加えて、炊飯する。
	1083	もち米	35	② グリンピースを下ゆでする。
		強化米	0.2	③ ①に②を混ぜ合わせる。
	17012	食塩	1	
	6023	グリンピース（生）	10	
うま煮	17019	カツオ節（だし用）	1	① カツオ節でだしをとる。
	14002	炒め油	1	② にんじん、大根、たけのこは乱切りにする。
	6212	にんじん	10	③ 厚揚げは角切りにして、油抜きする。
	6132	大根	35	④ こんにゃくは乱切りにして、下ゆでする。
	6151	たけのこ（水煮）	20	⑤ さやえんどうは下ゆでする。
	4039	厚揚げ	20	⑥ 油で②④を炒める。
	2003	こんにゃく	30	⑦ ①と③を加えて、煮る。
	3004	三温糖	2	⑧ 調味料を加えて、味つけする。
	16025	みりん	2	⑨ ⑤を加える。
	17007	濃口しょうゆ	6	
	6020	さやえんどう	7	
		水	15	
鶏肉の照り焼き	11224	鶏もも肉・切り身	70	① 鶏肉に下味をつける。
	3004	三温糖	2	② 焼く。
	16025	みりん	4	
	17007	濃口しょうゆ	6	
	14004	焼き油	1	
くるみあえ	6086	小松菜	40	① ヒジキを洗って、もどす。
	6212	にんじん	10	② ①を調味料で煮含める。
	9031	芽ヒジキ（乾）	1.5	③ 小松菜は短冊切りに、にんじんはせん切りにする。
	3004	三温糖	0.8	
	17007	濃口しょうゆ	1.5	④ ③をゆでて、冷却する。
	5014	くるみ・刻み	5	⑤ くるみはオーブンで焼いて、すり鉢ですりつぶす。
	3004	三温糖	2	
	17007	濃口しょうゆ	2	⑥ ⑤と調味料を加熱して、冷却する。
	17012	食塩	0.1	⑦ あえる。
サンフルーツ		サンフルーツ	50	① 1/4に切り分ける。
牛乳	13003	牛乳	206	

料理名	エネルギー kcal	たんぱく質 g	脂質 g	塩分 g	カルシウム mg	マグネシウム mg	鉄 mg	亜鉛 mg	ビタミン A μgRE	B₁ mg	B₂ mg	C mg	食物繊維 g
ご飯	366	6.8	0.9	1.0	7	27	1.0	1.5	4	0.36	0.05	2	1.3
うま煮	77	3.8	3.3	0.9	79	25	1.0	0	125	0.03	0.03	5	2.5
鶏肉	112	13.7	3.7	1.0	6	20	0.6	1.5	13	0.06	0.16	3	0
あえ物	59	1.9	3.5	0.7	97	25	2.0	0	184	0.07	0.08	16	2.1
くだもの	20	0.5	0.1	0	8	5	0.1	0.1	4	0.04	0.02	19	0.6
牛乳	138	6.8	7.8	0.2	227	21	0	0.8	78	0.08	0.31	2	0
合計	772	33.5	19.3	3.8	424	123	4.7	3.9	408	0.64	0.65	47	6.5

メッセージ

ご飯の青豆、煮物のたけのこ、そしてくだもののサンフルーツは、どれも「春の味」です。
くるみあえのにんじんの赤、小松菜の緑、ヒジキの黒ときれいな色ですね。
今日は、春の味と春のきれいな色を楽しみながらいただきましょう。

中学校

ご飯　山菜のみそ汁　ニジマスの塩焼き　**ヒジキの五目煮**　清美柑　牛乳

献立名	食品番号	材料	分量（g）	作り方
ご飯	1083	精白米	105	
山菜のみそ汁	17023	煮干し（だし用）	2.5	① 煮干しでだしをとる。
		水	145	② にんじん、じゃがいもは厚めのいちょう切りに、たまねぎはスライス、たけのこ、わらびは食べやすい大きさに切り、えのきたけは1/2に切る。
	6212	にんじん	10	
	6153	たまねぎ	15	
	2017	じゃがいも	25	③ 油揚げは短冊切りにして、油抜きする。
	6150	姫たけのこ（水煮）	12	④ ①に根菜を加えて、煮る。
	6325	わらび（水煮）	12	⑤ たけのこ、わらび、えのきたけと③を加える。
	8001	えのきたけ	8	
	4040	油揚げ	6	⑥ みそを加えて、味つけする。
	17045	白みそ	5	
	17046	赤みそ	7	
ニジマスの塩焼き	10148	ニジマス	70	① ニジマスに塩をふって、焼く。
	17012	食塩	0.4	
ヒジキの五目煮	17019	カツオ節（だし用）	0.2	① 大豆を洗って、もどしておく。
		水	8	② ①をかためにゆでる。
	14011	炒め油	1.5	③ カツオ節でだしをとる。
	11130	豚もも肉・せん切り	5	④ にんじんは短冊切りに、ちくわは半月切りにする。
	6212	にんじん	5	
	9031	ヒジキ（生）	30	⑤ 油で豚肉、ヒジキと④を炒める。
	10381	ちくわ	5	⑥ ②③と調味料を加えて、煮る。
	4023	大豆（乾）	5	
	3004	三温糖	2.2	
	16025	みりん	1.5	
	17007	濃口しょうゆ	4	
清美柑	7041	清美柑	50	① 1/4に切り分ける。
牛乳	13003	牛乳	206	

穀類　いも類　豆類　種実類　野菜類　きのこ類　藻類　単品

料理名	エネルギー kcal	たんぱく質 g	脂質 g	塩分 g	カルシウム mg	マグネシウム mg	鉄 mg	亜鉛 mg	ビタミン A μgRE	B₁ mg	B₂ mg	C mg	食物繊維 g
ご飯	357	6.1	0.9	0	5	23	0.8	1.4	0	0.32	0.03	0	0.5
みそ汁	79	3.9	2.4	2.2	42	27	1.0	0.6	78	0.05	0.06	11	2.5
ニジマス	89	13.8	3.2	0.5	17	20	0.1	0.4	12	0.15	0.07	1	0
五目煮	71	4.0	3.1	1.8	57	36	2.4	0.4	46	0.10	0.07	0	2.3
くだもの	20	0.5	0.1	0	11	6	0.2	0.1	5	0.05	0.02	20	0.4
牛乳	138	6.8	7.8	0.2	206	21	0	0.8	78	0.08	0.31	2	0
合計	754	35.1	17.5	4.7	338	133	4.5	3.7	219	0.75	0.56	34	5.7

メッセージ

　ヒジキの五目煮は残菜の多い煮物のひとつですが、しっかり食べてほしい料理です。
　周りを海に囲まれている日本では昔から海藻を食べてきました。今は、家庭の食卓に登場することがだんだん少なくなってきています。ヒジキには、カルシウム、鉄、マグネシウムなどのミネラルと食物繊維が豊富に含まれています。これらは動脈硬化を防いだり、歯や骨を丈夫にしてくれます。

中学校

ヒジキご飯　なめこ汁　マスの塩焼き　からしあえ　牛乳

献立名	食品番号	材料	分量（g）	作り方
ヒジキご飯	1083	精白米	95	① 炊飯する。
	1007	米粒麦	5	② ヒジキ、しいたけを洗って、もどす。
	14011	炒め油	1	③ にんじん、しいたけはせん切りに、ごぼうはささがきにする。
	6212	にんじん	7	④ 油揚げは短冊切りにして、油抜きする。
	6084	ごぼう	7	⑤ さやいんげんは2cmに切って、下ゆでする。
	9031	芽ヒジキ（乾）	2	⑥ 油で③とヒジキを炒める。
	8013	しいたけ（乾）	0.5	⑦ ④と調味料を加えて、煮る。
	4040	油揚げ	4	⑧ ツナフレークを加える。
	3004	三温糖	0.7	⑨ ①に⑤⑧を混ぜ合わせる。
	16002	酒	1.5	＊ しいたけのもどし汁も使う。
	17007	濃口しょうゆ	4	
	17012	食塩	0.12	
	10262	ツナフレーク	7	
	6010	さやいんげん（冷）	4	
なめこ汁	17023	煮干し（だし用）	2.5	① 煮干しでだしをとる。
	6212	にんじん	12	② にんじん、大根は厚めのいちょう切りに、ねぎは小口切りに、豆腐はさいの目切りにする。
	6132	大根	35	
	4032	木綿豆腐	50	
	8020	なめこ	25	③ ①に根菜を加えて、煮る。
	17045	白みそ	11	④ 豆腐、なめこを加える。
	6226	ねぎ	14	⑤ みそを加えて、味つけする。
		水	120	⑥ ねぎを加える。
マスの塩焼き	10128	マス・一汐切り身	60	① マスを焼く。
からしあえ	6233	白菜	30	① 白菜は短冊切りに、ほうれん草はざく切りにする。
	6267	ほうれん草	12	② ①ともやしをゆでて、冷却する。
	6289	もやし	25	③ かまぼこは蒸して、冷却する。
	10379	糸かまぼこ	12	④ 粉からしを湯で溶く。
	17057	粉からし	0.15	⑤ 調味料を合わせて、あえる。
	17007	濃口しょうゆ	3.5	
牛乳	13003	牛乳	206	

料理名	エネルギー kcal	たんぱく質 g	脂質 g	塩分 g	カルシウム mg	マグネシウム mg	鉄 mg	亜鉛 mg	ビタミン A μgRE	ビタミン B$_1$ mg	ビタミン B$_2$ mg	ビタミン C mg	食物繊維 g
ご飯	421	8.9	5.0	0.9	54	52	2.4	1.6	40	0.10	0.07	0	2.8
汁	77	5.7	3.1	1.6	92	38	1.2	0.6	91	0.11	0.07	6	2.6
マス	96	12.5	4.4	1.2	16	20	0.2	0.3	8	0.13	0.10	1	0
あえ物	23	2.6	0.1	0.8	25	18	0.3	0.3	44	0.03	0.05	12	1.0
牛乳	138	6.8	7.8	0.2	227	21	0	0.8	78	0.08	0.31	2	0
合計	755	36.5	20.4	4.7	414	149	4.1	3.6	261	0.45	0.60	21	6.4

メッセージ

　　いつもは煮物で出すことの多いヒジキですが、今日はご飯に混ぜてヒジキご飯にしました。
　　ヒジキは苦手という人もいますが、とっても栄養があります。特に鉄分とカルシウム、食物繊維が多く含まれています。中学生のみなさんのからだにとっても大切な栄養素です。しっかり食べましょう。

ブルーベリーパン　ポークビーンズ　**ヒジキのサラダスパゲッティ**　メロン　牛乳

献立名	食品番号	材料	分量（g）	作り方
ブルーベリーパン		コッペパン	93	① ブルーベリーを生地に混ぜて、焼いてもらう。
		ブルーベリー（乾）	11	
ポークビーンズ	14017	バター（炒め用）	1	① にんにく、しょうがはすりおろし、にんじん、たまねぎ、じゃがいもは角切りに、パセリはみじん切りにする。
	6223	にんにく	0.4	
	6103	しょうが	0.7	
	11130	豚もも肉・角切り	20	② バターでにんにく、しょうが、豚肉を炒める。
	6212	にんじん	15	
	6153	たまねぎ	45	③ にんじん、たまねぎを加えて、炒める。
	2017	じゃがいも	35	④ 大豆、じゃがいも、調味料を加えて、煮る。
	4024	大豆（ゆで）	22	⑤ パセリを加える。
	16011	赤ワイン	3	
	17036	ケチャップ	18	
	17027	コンソメ	0.5	
	17012	食塩	0.2	
	17064	白こしょう	0.05	
	6239	パセリ	0.8	
		水	30	
ヒジキのサラダスパゲッティ	1063	スパゲッティ（乾）	8	① ヒジキを洗って、もどす。
	9031	芽ヒジキ（乾）	1	② ①に調味料を加えて煮含め、冷却する。
	16025	みりん	0.6	③ にんじんはせん切りに、キャベツは細めの短冊切りに、きゅうりは小口切りにする。
	17007	濃口しょうゆ	1.2	
	6212	にんじん	3	
	6061	キャベツ	18	④ ③とコーン、スパゲッティをゆでて、冷却する。
	6065	きゅうり	5	
	6177	ホールコーン（冷）	5	⑤ ハムを蒸して、冷却する。
	11176	ロースハム・色紙切り	5	⑥ 調味料を合わせて、あえる。
	3003	上白糖	0.3	
	17008	薄口しょうゆ	2.8	
	17015	酢	2.8	
	14003	米ぬか油	1	
メロン	7134	メロン	40	① 1/8に切り分ける。
牛乳	13003	牛乳	206	

料理名	エネルギー kcal	たんぱく質 g	脂質 g	塩分 g	カルシウム mg	マグネシウム mg	鉄 mg	亜鉛 mg	ビタミン A μgRE	B₁ mg	B₂ mg	C mg	食物繊維 g
パン	276	8.7	4.0	1.2	51	24	1.1	0.7	2	0.04	0.25	0	2.5
ビーンズ	159	9.1	4.8	1.0	35	46	0.9	1.0	135	0.29	0.09	21	3.5
サラダ	67	2.7	2.0	0.7	27	19	0.8	0.3	28	0.07	0.03	11	1.2
くだもの	17	0.4	0	0	3	5	0.1	0.1	1	0.02	0.01	7	0.2
牛乳	138	6.8	7.8	0.2	227	21	0	0.8	78	0.08	0.31	2	0
合計	657	27.7	18.6	3.1	343	115	2.9	2.9	244	0.50	0.69	41	7.4

メッセージ

　ヒジキはカルシウムや鉄分がたくさん入った海藻です。今日は乾燥したヒジキを使いました。乾燥したヒジキを水に浸してもどすと6～7倍に増えます。
　今日はみなさんの大好きなスパゲッティと合わせて、サッパリと食べられるように工夫しました。

穀類　いも類　豆類　種実類　野菜類　きのこ類　藻類　単品

ソフトめんのカレー南蛮汁　ニジマスの変わりソース　**ワカメとしめじの冷たい煮びたし**　ミニトマト　牛乳

献立名	食品番号	材料	分量（g）	作り方
ソフトめん		ソフトめん	190	
カレー南蛮汁	17019	カツオ節（だし用）	2	① しいたけを洗って、もどす。
	14005	炒め油	0.8	② カツオ節でだしをとる。
	11224	鶏もも肉・こま切れ	15	③ にんじんはいちょう切りに、たまねぎはスライス、しいたけはせん切りに、ねぎは小口切りにする。
	6212	にんじん	15	
	6153	たまねぎ	30	
	8013	しいたけ（乾）	1	④ 油揚げは短冊切りにして、油抜きする。
	4040	油揚げ	5	⑤ 小松菜はざく切りにして、下ゆでする。
	12003	うずら卵（水煮）	10	⑥ 油で鶏肉、根菜を炒める。
	17008	薄口しょうゆ	8.2	⑦ ②としいたけを加えて、煮る。
	17051	カレールウ	5	⑧ ④とうずら卵を加える。
	17061	カレー粉	0.4	⑨ 調味料を加えて、味つけする。
	17012	食塩	0.2	⑩ 水溶きでんぷんで、とろみをつける。
	2034	でんぷん	2.5	⑪ ねぎと⑤を加える。
	6226	ねぎ	6	＊しいたけのもどし汁も使う。
	6086	小松菜	6	
		水	100	
ニジマスの変わりソース	10148	ニジマス	50	① しょうがはすりおろし、たまねぎはスライス、パセリはみじん切りにする。
	6103	しょうが	0.3	
	16001	酒	1	② ニジマスに下味をつける。
	2034	でんぷん	5	③ ②にでんぷんをまぶして、油で揚げる。
	14003	揚げ油	4	④ 油でたまねぎを炒める。
	14004	炒め油	0.5	⑤ 調味料を加えて、煮る。
	6153	たまねぎ	5	⑥ パセリを加えて、ソースを作る。
	3004	三温糖	1.5	⑦ ⑥を③にかける。
	17008	薄口しょうゆ	3	
	17015	酢	3	
	17012	食塩	0.1	
	17058	練りからし	0.05	
	6239	パセリ	0.5	
ワカメとしめじの冷たい煮びたし	8016	しめじ	10	① カツオ節でだしをとる。
	16025	みりん	0.7	② ①に調味料を加えて、冷却する。
	17008	薄口しょうゆ	0.7	③ しめじは小房分けにし、にんじん、白菜は短冊切りにする。
	6212	にんじん	5	
	6233	白菜	20	④ しめじに調味料を加えて煮含め、冷却する。
	9040	ワカメ（乾）	1	
	17019	カツオ節（だし用）	0.4	⑤ にんじん、白菜、ワカメはゆでて、冷却する。
		水	2	
	16001	酒	0.5	⑥ あえる。
	16025	みりん	0.5	
	17008	薄口しょうゆ	2.3	
ミニトマト	6183	ミニトマト（2個）	20	
牛乳	13003	牛乳	206	

料理名	エネルギー kcal	たんぱく質 g	脂質 g	塩分 g	カルシウム mg	マグネシウム mg	鉄 mg	亜鉛 mg	ビタミン A μgRE	B₁ mg	B₂ mg	C mg	食物繊維 g
ソフトめん	280	7.4	1.6	0	21	20	1.0	0.5	0	0.20	0.04	0	2.2
汁	123	6.4	6.2	2.1	52	26	1.3	0.7	181	0.05	0.10	7	1.9
ニジマス	135	10.2	6.8	0.7	16	16	0.1	0.3	12	0.11	0.05	2	0.1
煮びたし	13	0.7	0	0.7	19	16	0.2	0.2	47	0.02	0.07	4	1.1
ミニトマト	6	0.2	0	0	2	3	0.1	0	16	0.01	0.01	6	0.3
牛乳	138	6.8	7.8	0.2	227	21	0	0.8	78	0.08	0.31	2	0
合計	695	31.7	22.4	3.7	337	102	2.7	2.5	334	0.47	0.58	21	5.6

メッセージ

　食欲が落ちぎみの暑い時こそ、スタミナをつけて元気に夏を乗り切りたいものです。食欲がわくようにカレー南蛮と魚の揚げ物を取り入れました。
　魚は、さっぱり食べられるようにソースを工夫しています。
　また、食物繊維をたくさんとれるように、海藻・きのこを入れた冷たい煮びたしを組み合わせました。

麦ご飯　とうがんのくずあん仕立て　肉じゃが　**ワカメのおひたし**　牛乳

献立名	食品番号	材料	分量（g）	作り方
麦ご飯	1083	精白米	76	
	1007	米麦粒	4	
とうがんの くずあん仕立て	17023	煮干し（だし用）	2	① 煮干しでだしをとる。
	6173	とうがん	60	② むきエビは粗めに刻み、下味をつけてからでんぷんをまぶす。
	10328	むきエビ	10	③ とうがんは厚めのいちょう切りにする。
	16001	酒	1	④ 茎ワカメ、さやいんげんは3cmに切って、下ゆでする。
	17012	食塩	0.2	⑤ ①に③を加えて、煮る。
	17064	白こしょう	0.02	⑥ ②をほぐしながら加える。
	2034	でんぷん	2	⑦ 調味料を加えて、味つけする。
	3004	三温糖	1	⑧ ④を加える。
	16025	みりん	1	⑨ 水溶きでんぷんで、とろみをつける。
	17008	薄口しょうゆ	5	
	17012	食塩	0.4	
	9046	茎ワカメ	3	
	6010	さやいんげん	15	
	2034	でんぷん	2	
		水	100	
肉じゃが	14003	炒め油	0.5	① にんじんは乱切りに、たまねぎはくし形切りに、じゃがいもは一口大に切る。
	11130	豚もも肉・こま切れ	25	② しらたきは短く切って、下ゆでする。
	6212	にんじん	10	③ グリンピースは下ゆでする。
	6153	たまねぎ	40	④ 油で豚肉と①を炒める。
	2017	じゃがいも	90	⑤ ②と調味料を加えて、煮る。
	2005	しらたき	30	⑥ ③を加える。
	3004	三温糖	1	
	16001	酒	1	
	16025	みりん	1.5	
	17007	濃口しょうゆ	5	
	6025	グリンピース（冷）	3	
ワカメの おひたし	6086	小松菜	20	① 小松菜はざく切りに、キャベツは短冊切りに、えのきたけは1/3に切る。
	6061	キャベツ	20	② ①とワカメをゆでて、冷却する。
	8001	えのきたけ	20	③ 花カツオをから煎りする。
	9044	ワカメ（乾）	1	④ あえる。
	10091	花カツオ	1	
	17008	薄口しょうゆ	3	
牛乳	13003	牛乳	206	

料理名	エネルギー kcal	たんぱく質 g	脂質 g	塩分 g	カルシウム mg	マグネシウム mg	鉄 mg	亜鉛 mg	ビタミン A μgRE	B₁ mg	B₂ mg	C mg	食物繊維 g
ご飯	267	4.8	0.8	0	5	18	0.6	1.1	0	0.07	0.02	0	0.7
とうがん	38	2.8	0.1	1.7	28	15	0.4	0.2	7	0.02	0.05	24	1.4
肉じゃが	156	7.7	3.2	0.7	40	34	1.1	0.8	78	0.34	0.09	36	3.2
おひたし	19	2.3	0.8	0.7	52	15	1.1	0.1	55	0.08	0.08	16	2.0
牛乳	138	6.8	7.8	0.2	227	21	0	0.8	78	0.08	0.31	2	0
合計	618	24.4	12.7	3.3	352	103	3.2	3.0	218	0.59	0.55	78	7.3

メッセージ

　ワカメには食物繊維がたくさん含まれています。食物繊維は、腸を刺激して腸の働きを活発にしてくれます。
　今日は、おひたしにワカメを、そして、ワカメの茎を細かくした「茎ワカメ」も「とうがんのくずあん仕立て」に使っています。

コッペパン　春雨スープ　ポークビーンズ　**海藻サラダ**　牛乳

献立名	食品番号	材料	分量（g）	作り方
コッペパン		コッペパン	93	
春雨スープ	17023	煮干し（だし用）	2	① しいたけを洗って、もどす。
	6212	にんじん	10	② 煮干しでだしをとる。
	8013	しいたけ（乾）	0.8	③ にんじん、しいたけはせん切りに、白菜は短冊切りに、ねぎは小口切りにする。
	11219	鶏むね肉・こま切れ	10	④ 春雨はゆでて冷却し、短く切る。
	6233	白菜	20	⑤ ②ににんじん、しいたけを加えて、煮る。
	16001	酒	1	⑥ ほぐしながら鶏肉、白菜を加える。
	17007	濃口しょうゆ	5	⑦ 調味料を加えて、味つけする。
	17012	食塩	0.3	⑧ 水溶きでんぷんで、とろみをつける。
	17064	白こしょう	0.03	⑨ 溶き卵を流し入れる。
	2034	でんぷん	0.8	⑩ ④とねぎを加える。
	12004	鶏卵	15	＊ しいたけのもどし汁も使う。
	2039	春雨（乾）	5	
	6226	ねぎ	5	
		水	120	
ポークビーンズ	14011	炒め油	0.3	① 大豆を洗って、もどしておく。
	11130	豚もも肉・角切り	15	② ①をやわらかく煮る。
	11183	ベーコン・短冊切り	8	③ にんじん、たまねぎ、じゃがいもは1cmの角切りにする。
	6212	にんじん	10	④ いんげんは2cmに切って、下ゆでする。
	6153	たまねぎ	20	⑤ 油で豚肉、ベーコン、にんじん、たまねぎを炒める。
	2017	じゃがいも	25	⑥ じゃがいもを加えて、煮る。
	4023	大豆（乾）	10	⑦ ②とマッシュルームを加える。
	8033	マッシュルーム（水煮）	5	⑧ 調味料を加えて味つけし、さらに煮る。
	16011	赤ワイン	0.5	⑨ ④を加える。
	17036	ケチャップ	6	
	17002	中濃ソース	0.8	
		デミグラスソース	3	
	17064	白こしょう	0.02	
	6011	さやいんげん（冷）	5	
		水	30	
海藻サラダ	6061	キャベツ	25	① キャベツは短冊切りに、きゅうりは小口切りにする。
	6065	きゅうり	10	② ①と海藻ミックスをゆでて、冷却する。
		海藻ミックス	1.2	③ ごまをから煎りする。
	5018	白いりごま	0.5	④ 粉からしを湯で溶く。
	17057	粉からし	0.05	⑤ 調味料を合わせて、あえる。
	3004	三温糖	0.5	
	17007	濃口しょうゆ	2	
	17016	酢	2	
	14002	ごま油	0.5	
牛乳	13003	牛乳	206	

料理名	エネルギー kcal	たんぱく質 g	脂質 g	塩分 g	カルシウム mg	マグネシウム mg	鉄 mg	亜鉛 mg	ビタミン A μgRE	B$_1$ mg	B$_2$ mg	C mg	食物繊維 g
パン	271	8.4	3.6	1.3	19	24	0.8	0.7	0	0.14	0.07	0	2.0
スープ	78	4.9	2.9	1.3	3	15	0.5	0.3	104	0.06	0.10	5	1.2
ビーンズ	168	10.2	7.4	0.7	38	40	1.2	1.0	86	0.36	0.12	15	3.2
サラダ	22	0.9	0.9	0.6	32	14	0.2	0.1	29	0.01	0.01	6	1.2
牛乳	138	6.8	7.8	0.2	227	21	0	0.8	78	0.08	0.31	2	0
合計	677	31.2	22.6	4.1	319	114	2.7	2.9	297	0.65	0.61	28	7.6

メッセージ

　ポークビーンズは、白いんげん豆と豚肉をトマト味で煮込んだアメリカの家庭料理です。今日は、いんげん豆の代わりに大豆を使いました。
　大豆は「畑の肉」といわれるほど、良質のたんぱく質を多く含んだ植物性たんぱく質の王様です。歯や骨のもとになるカルシウムや頭の働きをよくするレシチンなども豊富に含まれています。大豆そのものはかたかったり、料理に手間もかかり、近頃はあまり食べられなくなってきているのが残念です。また、大豆は姿を変えてみなさんの食卓に毎日登場しています。探してみましょう。

ご飯　**ヒジキの五目煮**　サンマの塩焼き　ごぼうサラダ　柿　牛乳

献立名	食品番号	材料		分量（g）	作り方
ご飯	1083	精白米		80	
ヒジキの五目煮	14011	炒め油		1	① ヒジキを洗って、もどす。
	9031	芽ヒジキ（乾）		4	② にんじん、大根、さつまいもは厚めのいちょう切りに、たまねぎはスライスにする。
	11130	豚もも肉・こま切れ		13	
	6212	にんじん		13	
	6153	たまねぎ		15	③ さつま揚げは1/2の短冊切りに、油揚げは短冊切りにして、油抜きする。
	6132	大根		35	
	2006	さつまいも		20	④ つきこんにゃくは下ゆでする。
	2003	つきこんにゃく		20	⑤ 油で①と豚肉、にんじん、たまねぎ、大根を炒める。
	10386	さつま揚げ		10	
	4040	油揚げ		5	⑥ さつまいもと④と調味料を加えて、煮る。
	3004	三温糖		1.3	⑦ ③を加えて、煮含める。
	16001	酒		1.5	
	16025	みりん		0.5	
	17007	濃口しょうゆ		5	
		水		15	
サンマの塩焼き	10173	サンマ・1/2筒切り		40	① サンマに塩をふって、焼く。
	17012	食塩		0.5	
ごぼうサラダ	6084	ごぼう・ささがき		17	① にんじんはせん切りに、キャベツは短冊切りに、きゅうりは小口切りにする。
	17016	酢		1	
	6212	にんじん		5	② ①をゆでて、冷却する。
	6061	キャベツ		20	③ ごぼうは酢水でゆでて、冷却する。
	6065	きゅうり		12	④ ごまをから煎りする。
	5018	白すりごま		1	⑤ 調味料を合わせて、あえる。
	17007	濃口しょうゆ		1.5	
		和風クリーミードレッシング		6	
	17012	食塩		0.1	
柿	7049	柿		40	① 1/2に切り分ける。
牛乳	13003	牛乳		206	

料理名	エネルギー kcal	たんぱく質 g	脂質 g	塩分 g	カルシウム mg	マグネシウム mg	鉄 mg	亜鉛 mg	ビタミン				食物繊維 g
									AμgRE	B₁ mg	B₂ mg	C mg	
ご飯	285	4.9	0.7	0	4	18	0.6	1.1	0	0.06	0.02	0	0.4
五目煮	133	6.5	4.8	1.1	112	51	3.1	0.6	112	0.11	0.07	6	3.9
サンマ	124	7.4	9.8	0.6	13	11	0.6	0.3	5	0	0.08	0	0
サラダ	55	1.1	3.4	0.5	33	20	0.3	0.2	44	0.02	0.01	11	1.7
くだもの	24	0.2	0.1	0	4	2	0.1	0	14	0.01	0.01	28	0.6
牛乳	138	6.8	7.8	0.2	227	21	0	0.8	78	0.08	0.31	2	0
合計	759	26.9	26.6	2.4	393	123	4.7	3.0	253	0.28	0.50	47	6.6

メッセージ

　海藻というと、みなさんはどんなものが思い浮かびますか。ワカメ、ヒジキ、昆布、のりなどいろいろなものがありますね。日本は昔から海藻をよく食べる国だそうです。ヨーロッパやアメリカでは、「海の雑草」扱いで、ほとんど食べられていませんでした。ところが最近になって、「日本食」が外国でも「健康食」として見直されてきて、海藻も「海の野菜」といわれるようになりました。
　海藻には、骨や歯を丈夫にするカルシウム、髪の毛やからだを元気にするヨードという栄養、また現在の食生活で不足しがちな食物繊維もたくさん含まれています。今日は、ヒジキの煮物を作りました。

オリジナルの献立づくりに！

単品料理

献立の差し替えや組み合わせに便利な、食物繊維の多い単品料理です。主食や主菜など、バリエーション豊かな献立になるものを選びました。オリジナル献立作成にご活用ください。

豆のカレースープ

献立名	食品番号	材料	分量（g）	作り方
豆の カレースープ	14017	バター（炒め用）	0.8	① にんにく、しょうがはすりおろし、じゃがいも、トマト、かぼちゃは角切りに、なすは厚めのいちょう切りにする。 ② バターでにんにく、しょうが、ベーコンを炒める。 ③ カレー粉を加えて、煮る。 ④ じゃがいも、かぼちゃを加えて、さらに煮る。 ⑤ エビ、トマト、なす、コーンを加える。 ⑥ 調味料を加えて、味つけする。 ⑦ うずら豆を加える。
	6223	にんにく	1	
	6103	しょうが	1	
	11183	ベーコン・せん切り	8	
	17061	カレー粉	0.8	
	2017	じゃがいも	20	
	6048	かぼちゃ	20	
	10328	むきエビ（冷）	8	
	6182	トマト	20	
	6191	なす	10	
	6177	ホールコーン（冷）	8	
	16011	赤ワイン	2	
	17027	コンソメ	0.5	
	17012	食塩	0.8	
	17064	白こしょう	0.02	
	4008	うずら豆（水煮）	20	
		水	120	

栄養価	エネルギー kcal	たんぱく質 g	脂質 g	塩分 g	カルシウム mg	マグネシウム mg	鉄 mg	亜鉛 mg	ビタミン A μgRE	ビタミン B_1 mg	ビタミン B_2 mg	ビタミン C mg	食物繊維 g
	127	5.6	4.2	1.2	27	30	0.9	0.6	83	0.14	0.08	22	4.7

メッセージ

　今日のカレースープの中には、うずら豆が入っています。うずら豆は、いんげん豆の種類のひとつで、うずらの卵のような模様があるのでこの名前がつきました。
　うずら豆や野菜には、おなかの調子を整える食物繊維がたっぷり入っています。

きびすいとん

献立名	食品番号	材料	分量（g）	作り方
きびすいとん	6212	にんじん	10	① しいたけを洗って、もどす。
	6153	たまねぎ	10	② にんじんはいちょう切りに、たまねぎはスライス、しめじは小房に分け、しいたけはせん切りに、チンゲン菜はざく切りに、ねぎは小口切りにする。
	8016	しめじ	10	
	8013	しいたけ（乾）	0.5	
	4040	油揚げ	3	③ 油揚げは短冊切りにして、油抜きする。
	1018	地粉（中力粉）	15	④ 水とだんごの材料を練って、寝かしておく。
	1011	きび粉	5	
	17012	食塩	0.2	⑤ 根菜を煮る。
	16001	酒	1	⑥ きのこ、③を加える。
	16025	みりん	1	⑦ 調味料を加えて、味つけする。
	17008	薄口しょうゆ	5	⑧ ④を一口大にちぎって、加える。
	6160	チンゲン菜	10	⑨ チンゲン菜、ねぎを加える。
	6226	ねぎ	10	＊ しいたけのもどし汁も使う。
		水	100	

栄養価	エネルギー kcal	たんぱく質 g	脂質 g	塩分 g	カルシウム mg	マグネシウム mg	鉄 mg	亜鉛 mg	ビタミン A µgRE	B₁ mg	B₂ mg	C mg	食物繊維 g
	106	3.6	1.5	1.0	31	21	0.5	0.4	93	0.06	0.06	5	1.9

メッセージ

きびはお米の仲間です。古い時代に中国から伝わりました。ご飯やパン、肉や魚などがからだの中で栄養になる手助けをしてくれます。おなかのお掃除をしてくれる食物繊維も含まれています。いつもはきびご飯として給食に出していますが、今日はきび粉にしてもらい、小麦粉と混ぜてきびすいとんにしました。汁の中に入っているすいとんをよくかむと、きびのもちもちとした歯ざわりと、おいしさがわかります。給食で使っているきびは、私たちの住んでいる地域で、農薬を使わずに栽培していただいたものを使っています。

野菜のボルシチ風

献立名	食品番号	材料	分量（g）	作り方
野菜のボルシチ風	11115	豚かた肉・角切り	20	① じゃがいも、にんじんは厚めのいちょう切りに、かぼちゃは角切りに、かぶは一口大に切る。
	2017	じゃがいも	30	
	6212	にんじん	12	
	6048	かぼちゃ	30	② 豚肉、じゃがいも、にんじん、かぼちゃを煮る。
	6061	キャベツ	30	
	6036	かぶ	15	③ キャベツ、かぶを加える。
	17027	コンソメ	0.5	④ 調味料を加えて、味つけする。
	17012	食塩	0.5	
	17064	白こしょう	0.02	
		水	80	

栄養価	エネルギー kcal	たんぱく質 g	脂質 g	塩分 g	カルシウム mg	マグネシウム mg	鉄 mg	亜鉛 mg	ビタミン A µgRE	B₁ mg	B₂ mg	C mg	食物繊維 g
	108	5.4	3.1	0.8	26	25	0.5	0.9	192	0.20	0.10	39	2.5

メッセージ

ボルシチとは、ロシア、ウクライナ、ポーランドなどで作られている家庭料理で、具だくさんのスープ料理です。
たくさんの野菜をおいしく食べられるので、食物繊維をたっぷりとることができます。

中学校
里芋の揚げ煮

献立名	食品番号	材料	分量（g）	作り方
里芋の揚げ煮	2010	里芋	65	① 里芋は一口大に切る。
	2034	でんぷん	7	② ①にでんぷんをまぶして、油で揚げる。
	14003	揚げ油	6	③ ごまをから煎りする。
	5018	白いりごま	2.5	④ 調味料を加熱して、タレを作る。
	3004	┌三温糖	5	⑤ ③④で②をからめる。
	3016	│水あめ	2.5	
	17007	└濃口しょうゆ	5	

栄養価	エネルギー kcal	たんぱく質 g	脂質 g	塩分 g	カルシウム mg	マグネシウム mg	鉄 mg	亜鉛 mg	ビタミン A μgRE	B₁ mg	B₂ mg	C mg	食物繊維 g
	162	1.9	7.5	0.7	39	24	0.6	0.3	0	0.06	0.03	4	1.8

メッセージ

　中秋の名月を「芋名月」ということもあります。おだんごや里芋などの丸いものや、すすきや秋の七草などを、東に向けてお供えするそうです。今日は、里芋を揚げて、甘辛のタレをからめました。
　地元の○○さんの里芋はまだ収穫できなかったので、□□県で取れた里芋です。

切り干し大根の中華サラダ

献立名	食品番号	材料	分量（g）	作り方
切り干し大根の中華サラダ	6212	にんじん	5	① 切り干し大根を洗って、もどす。
	6136	切り干し大根	10	② にんじんはせん切りに、きゅうりは斜めせん切りに、切り干し大根は食べやすい長さに切る。
	6065	きゅうり	15	
	6289	もやし	30	③ ②ともやしをゆでて、冷却する。
	11195	焼き豚・せん切り	10	④ 焼き豚を蒸して、冷却する。
	17057	┌粉からし	0.05	⑤ 粉からしをお湯で溶く。
	3004	│三温糖	1.5	⑥ 調味料を合わせて、あえる。
	17007	│濃口しょうゆ	3	
	17015	│酢	2.5	
	14002	└ごま油	0.5	

栄養価	エネルギー kcal	たんぱく質 g	脂質 g	塩分 g	カルシウム mg	マグネシウム mg	鉄 mg	亜鉛 mg	ビタミン A μgRE	B₁ mg	B₂ mg	C mg	食物繊維 g
	67	3.4	1.4	0.7	64	26	1.3	0.4	42	0.13	0.07	6	2.8

メッセージ

　中国ではクラゲを使ったサラダを食べますが、クラゲの代わりに切り干し大根を使うと、ひと味違ったサラダになります。
　歯ごたえを楽しんで食べましょう。

食物繊維の授業を応援します！

指導案
&
指導資料集

食物繊維の指導案と、指導に役立つ資料集を掲載しています。食物繊維は、口腔や腸内を掃除する「掃除の達人」。「健康なうんちってどんなうんち？」などの身近なテーマから、食物繊維と健康を考えます。

食物繊維指導案1　小学校

食物繊維の存在を知り、多く含む食品を知る

1. **題材名**　食物繊維ってなあに①
2. **題材設定の理由**
　食物繊維は生活習慣病をはじめとする多くの病気の予防に効果があることがわかってきた。そこで食物繊維に着目し、その働きや健康への影響といった学習を通し、食物繊維への関心を育てたいと考え、本題材を設定した。
3. **本時のねらい**
　給食のデザートのみかんを食べることで、食べ物に食物繊維があることを実感し、多く含む食品を知る。
4. **展開**

段階	学習活動	指導上の留意点	資料など
導入3分	1．食物繊維を実感する。	・みかんの白いスジごとよくかんで食べて、口の中に残る食物繊維を実感させる。 　→口の中に残る物が食物繊維 食物繊維が多い食品を知ろう	給食のデザート（みかん）
展開5分	2．給食に含まれていた食物繊維が多い食品を探す。 3．給食に含まれなかった食品で、ほかにどんな食品があるか知る。	・今日食べた給食の中で、よくかまないと食べられなかった食品や、かんでいるときに口の中に残った食品にどんなものがあったか考えさせる。 ・ごぼう　・大豆　・しいたけ ・いも等	その日の給食の献立（食物繊維を多く含む食品を使う） 食品カード
まとめ2分	4．どんな食事に食物繊維が多く含まれるか知る。	・食物繊維は「和食」の料理に多く含まれることを知らせ、これらの食品を残さず食べることを知らせる。	

5. **評価**
　食物繊維はどんな食品に含まれているか、知ることはできたか。

食物繊維指導案2　小学校

食物繊維の働きを知る

1. **題材名**　食物繊維ってなあに②
2. **題材設定の理由**
　食物繊維は生活習慣病をはじめとする多くの病気の予防に効果があることがわかってきた。そこで食物繊維に着目し、その働きや健康への関わりといった学習を通して食物繊維への関心を育てたいと考え、本題材を設定した。
3. **本時のねらい**
　食物繊維の効用の一つである整腸作用に重点をおき、食物繊維は「おなかを元気にする」成分であることを知り、多く含む食品をしっかり食べようとする意欲を持つことができる。
4. **展開**

段階	学習活動	指導上の留意点	資料など
導入2分	1．前時を振り返り、どんな食品に食物繊維が多く含まれていたか考える。	・かんでいると口の中にスジが残ったり、よくかまないと飲み込めないような食品を思い起こさせる。	食品カード
展開10分	2．食物繊維がからだの中に入るとどんな働きをするか考える。	・食物繊維はからだの中に入るとどんな働きをすると思いますか。 ＊整腸作用に着目させる ○腸の働きを整える ○うんちの量を増やす ○おなかを元気にする	食物繊維のからだの中の働きの図
	3．食物繊維を多く食べたときのうんちの状態を知る。	○一日1回以上出る ○形がバナナ状 ○バナナ2本分の大きさ ○水洗トイレのとき、水に浮く ○力まず、気持ちよく出る	フラッシュカード
まとめ2分	4．自分のうんちの状態を思い浮かべ、食物繊維を多く含む食品をしっかり食べようと考える。	・自分の普段の大便の状態を思い返しながら、食物繊維は「おなかを元気にする」成分であることを知らせ、これらを多く含む食品をしっかり食べる大切さを知らせる。	バナナうんちくん カチカチうんちくん コロコロうんちくん ユルユルうんちくんのペープサート

5. **評価**
　・食物繊維は「おなかを元気にする」成分であることを理解できたか。
　・食物繊維を多く含む食品をしっかり食べようとする意欲は持てたか。

食物繊維指導案3　小学校

食物繊維の摂取状況を知り、食生活を振り返る

1. **題材名**　食物繊維はどのくらい食べたらよいでしょう
2. **題材設定の理由**
   食物繊維は生活習慣病をはじめとする多くの病気の予防に効果があることがわかってきた。そこで食物繊維に着目し、その働きや健康への影響といった学習を通し、食物繊維への関心を育てたいと考え、本題材を設定した。
3. **本時のねらい**
   前時で食物繊維の働きについて学習した児童が、本日の給食メニュー「大豆の五目煮」に含まれている食物繊維の量を知り、残さず食べようとする意欲を持つ。
4. **展開**

段階	学習活動	指導上の留意点	資料など
導入3分	1. 前時を振り返り、食物繊維の働きについて思い起こす。 ・本日の給食メニューを確認する。 ・副菜の「大豆の五目煮」に多く含まれる「食物繊維」の摂取状況について学習することを知る。	・児童に食物繊維について発表させる。 ・大豆や海藻の中には食物繊維がたくさん含まれていることを知らせる。 食物繊維を私たちはどのくらいとっているかを知り、一日の必要量について知ろう	前時にまとめたフラッシュカードで確認「食物繊維の働き」
展開5分	2. 前時で学習した食物繊維を多く含む食品を思い出し、自分はよく食べているか振り返る。 ・一日に必要な食物繊維は20gであることを知る。 ・食物繊維を上手にとるための工夫を知る。	・前時で学習した食物繊維を多く含む食品を思い出し、「自分の一日の食事調べ」で調べた自分の食物繊維の摂取量を比べ、自分の摂取状況について振り返らせる。 ・本日の給食「大豆の五目煮」に使われている大豆の実物を見せて、一日の摂取量の1/3量であることを実感させる。 ・一日の必要摂取量を知らせる。 ・本日の給食の食物繊維量を知らせる（一食分の大豆の五目煮と食物繊維量を明記する）。	本日の給食実物一食分を用意 フラッシュカード「食物繊維を上手にとる工夫」
まとめ2分	3. 食物繊維の多い食べ物を意識して食べることにより、一日の必要量が摂取できることに気づき、これからも食物繊維を多く摂取しようという気持ちを持つ。	・食物繊維の多い食べ物を意識して食べることにより必要量が摂取できることを知らせる。	

5. **評価**
   本日の給食1食分や食物繊維の多い「大豆の五目煮」の実物と食物繊維の量を提示したことは、食物繊維の一日の必要量を知らせ、理解するのに有効であったか。

食物繊維指導案4　小学校

望ましい食物繊維摂取を考慮した食生活ができる

1. **題材名**　食物繊維を多く含む食品を食べよう
2. **題材設定の理由**
   食物繊維は生活習慣病をはじめとする多くの病気の予防に効果があることがわかってきた。そこで食物繊維に着目し、その働きや健康への影響といった学習を通し、食物繊維への関心を育てたいと考え、本題材を設定した。
3. **本時のねらい**
   食物繊維を多く含む食品を、食生活に取り入れようとする意欲を持つことができる。
4. **展開**

段階	学習活動	指導上の留意点	資料など
導入3分	1. 食物繊維が多く含まれている食品を、ヒントを元に考える。	・ヒントを出し、選べるようにする。 　ま　　　まめ 　ご　　　ごはん 　　　　　ごま 　は（わ）わかめ 　や　　　やさい 　さ　　　さつまいも 　し　　　しいたけ 　い　　　いちご（くだもの） ・動物性食品には含まれていないことを知らせる。	絵カード 文字カード
展開5分	食物繊維を多く含む食品を食べよう 2. どんな料理で食物繊維をたくさんとることができるか、考える。給食の献立の中からも拾い出してみる。	・昔から日本で食べられていた食事に多く使われていることを知らせる。 ・給食でも食物繊維がとれるよう、いろいろ工夫していることを知らせる。	給食の献立
まとめ2分	3. どんなとり方がよいか知る。	・機能性食品や栄養剤に頼らず、食品からとることの大切さを知らせる。 ・好き嫌いせず、野菜などもしっかり食べることにより、食物繊維がとれることを知らせる。	

5. **評価**
   食物繊維を多く含む食品を、自分の食生活に取り入れようとする意欲が持てたか。

食物繊維を知り、働きがわかる
健康への影響を知る

1. 題材名　食物繊維ってなんだろう

2. 題材設定の理由
中学生の時期は、部活動が盛んで、食欲も増す時期であるが、買ったもので食事を済ませてしまうなど、食生活が乱れがちになる時期でもある。食物繊維の働きを知り、自分の食生活を見直す機会になればと願い、本題材を設定した。

3. 本時のねらい
食物繊維は2種類ある。それぞれの働きの違いと、どんな食べ物に多く含まれているかを理解し、野菜を多く使った料理を考えて、家で作ろうとする意欲を持つ。

4. 展開

段階	学習活動	指導上の留意点	資料
導入 8分	1. 食物繊維の種類を知ろう。 ・不溶性、水溶性の2種類がある。 ・昆布をつけた汁はどろんとしている。 ・ごぼうをたたくと糸のようなものがたくさん出た。	・水溶性の代表として、昆布のつけ汁、かんきつ類のジャムを用意する。不溶性の代表としてゆでたごぼうを用意する。 ・昆布のつけ汁にさわったり、ごぼうをすりこぎでたたいたりすることで、食物繊維の存在を意識できるようにする。	ゆでたごぼう、まな板、すりこぎ、昆布のつけ汁、かんきつ類とそれを使ったジャム
展開 30分	水溶性、不溶性それぞれの食物繊維を多く含む食品を使い、腸内お掃除メニューを作ろう 2. 食物繊維を多く含む食品と働きを知ろう。 ・野菜、果物、海藻類に多い。 ・多く含む食品はあまり食べていないなあ。 ・加工食品や菓子はどうだろう。 3. 食物繊維を多く含む食品を使って、腸内お掃除メニューを考えよう。 ・主食、主菜、副菜、汁物のそろったメニューを考えよう。 （グループ活動）	・食物繊維は、①便の量を増やし、便秘を解消する（水溶性）、②腸内に張り付いている、からだに悪影響を与えそうなものを包んで排出する（不溶性）の2点を押さえておく。 ・食物繊維を多く含む食品の表を示し、さまざまな食品に含まれていることに気づくようにする。 ・子どもたちが好む加工食品、菓子に含まれる食物繊維量もいくつか示す。 ・自分たちが好きではない食材も、給食ではおいしく調理され、知らずに食べていることがわかるようなメニューを提示する（主食、主菜、副菜、汁物）。 ・エネルギー100kcalあたり1gの食物繊維がとれるよう支援する。	食物繊維の働きカード 不溶性、水溶性に分けた食物繊維を多く含む食品の表 学習カード 食物繊維を多く含む給食メニューのプリント

まとめ 12分	4．グループで考えたメニューを発表しよう ・主食、主菜、副菜、汁物がそろった食事の方が食物繊維はとりやすいことがわかった。 ・家でもちゃんとした食事ができるよう気をつけよう。	・各グループが考えたメニューに使われている水溶性、不溶性の食物繊維を含む食品を知らせ、家庭でもとることができるよう励ます。 ・献立表、給食便りなどで、食物繊維たっぷりメニューを紹介し、家庭でも作ってもらえるよう支援していく。	

5．評価

給食でもとりにくい食物繊維であるが、自分のからだのことを考えると多くとれるようにしたいという意欲を持つことができたか。

学 習 カ ー ド

食物繊維を多く含む食品にはどんなものがあるだろう

年　　組　　氏名　　　　　　　　　

1．食物繊維の働きを考えよう

水溶性食物繊維の働き　[　　　　　　　　　]

不溶性食物繊維の働き　[　　　　　　　　　]

2．食物繊維を多く含む食品にはどんなものがあるのだろう

水溶性食物繊維　[　　　　　　　　　]　　　不溶性食物繊維　[　　　　　　　　　]

3．腸内お掃除メニューを考えよう

主食　　　　　　　　　　含まれる食物繊維は　合計　　g
　　　　　　　　　　　水溶性　　　　　不溶性

主菜　　　　　　　　　　含まれる食物繊維は　合計　　g
　　　　　　　　　　　水溶性　　　　　不溶性

副菜　　　　　　　　　　含まれる食物繊維は　合計　　g
　　　　　　　　　　　水溶性　　　　　不溶性

汁物　　　　　　　　　　含まれる食物繊維は　合計　　g
　　　　　　　　　　　水溶性　　　　　不溶性

食物繊維指導案6　中学校

食物繊維とサプリメント

1. **題材名**　食物繊維とサプリメントについて学びながら、食生活を考えよう
2. **題材設定の理由**

　食物繊維は、生活習慣病をはじめとする多くの病気の予防に効果があるということがわかってきた。また、食生活実態調査の結果をみると1割～2割の生徒はサプリメントから栄養成分を摂取しており、食物繊維についても同様のことがわかった。そこで、食物繊維に着目し、その働きや健康への関わりといった学習を通して食物繊維への関心を深めるとともに、食物繊維を手軽なサプリメントに頼るのではなく、食生活を改善し、食事の中から摂取する意欲を育てたいと考え、本題材を設定した。

3. **本時のねらい**

　食物繊維はバランスのよい食事の中から十分摂取できることを知り、サプリメントに頼るのではなく、毎日の食事から摂取しようとする意欲を持つことができる。

4. **指導上の留意点**

　本時までに食物繊維を多く含む食品と働きや一日の必要量について学習をしておく。

5. **展開**

段階	学習活動	指導上の留意点	資料など
導入5分	1. 実態調査の結果を知る。	◇実態調査の結果を知らせ、問題意識を持たせる。	食生活実態調査結果
	〈学習課題〉サプリメントと食物繊維について学びながら、食生活を考えよう		
展開35分	2. サプリメントとはどのようなものか考え、発表する。 3. サプリメントの長所と短所についてグループで話し合い、発表する。 4. バランスのよい食事から摂取できることを知る。	◇サプリメントについての印象を発表させる。 ◇サプリメントの意味を知らせる。 ・手軽に摂取できる。 ・補足するものであって、食事にはならない。 ・過剰摂取による鉄・カルシウム・亜鉛吸収の阻害 ◇前時の食物繊維を多く含む食品を確認しながら給食の献立を使って栄養のバランスなど具体的に説明する。 ・食事だけで必要量が摂取できることや食事から摂取することの良さを知らせる。	サプリメント実物 その日の給食の献立 食品カード
まとめ10分	5. 食生活を見直し、食物繊維を多く含む食品をしっかり食べようと考える。	◇サプリメントに頼るのではなく、食物繊維を多く含む食品を上手に取り入れてバランスのよい食生活を実践しようとする意欲を持たせる。	

6. **評価**
   - 食物繊維は、バランスのよい食事の中から十分摂取できることが理解できたか。
   - サプリメントに頼るのではなく、食生活を改善し毎日の食事から摂取しようとする態度が養えたか。

食物繊維指導案7　小学校

歯の衛生週間（食物繊維の摂取状況と必要性）

1. **題材名**　「虫歯になりにくい食べ物ってなあに」～歯の衛生週間～
2. **題材設定の理由**
　食物繊維は、生活習慣病をはじめとする多くの病気の予防に効果があり、歯の健康にもつながるということがわかってきた。そこで、歯の衛生週間を実施するにあたり、歯磨きの必要性だけでなく、よくかんで食べることの重要性や、歯ブラシ効果のある食品には食物繊維が多く含まれていることに着目した。食物繊維を多く含む食品をよくかんで食べることにより、虫歯を予防したいという意欲を育てたいと考え、本題材を設定した。
3. **本時のねらい**
　歯ブラシ効果のある野菜には食物繊維が多く含まれていて、食事の最後に食べると効果的だということを知り、虫歯予防を実践しようとする意欲を持つことができる。
4. **展開**

段階	学習活動	指導上の留意点	資料など
導入10分	1. 歯の衛生週間について保健委員が呼びかける。 2. 前時を振り返り、よくかむことのよさを発表する。	・歯の衛生週間の目的を確認させる。 ・よくかむことの効用（歯の病気予防）に着目させる。 ・虫歯の多い児童への批判につながらないように配慮する。	歯の病気予防
	〈学習課題〉虫歯になりにくい食べ物について知ろう		
展開25分	3. よくかまないと飲み込みにくい食べ物について考え、発表する。 4. よくかむと、食品に含まれてる食物繊維の働きによって、歯がきれいになることを知る。	・どんな食べ物があるか考えさせる。 ・かたい食べ物が多そう。 ・野菜がいっぱい出てきた。 ・野菜には歯ブラシ効果がありそうだね。 ・野菜の歯ブラシ効果は食物繊維の力だということを知らせる。 ・歯磨きをしなくても大丈夫だという誤解をまねかないようにする。	カミカミ献立 食品カード
まとめ10分	5. 給食の野菜スティックをよくかんで食べようと考える。	・今日の給食に野菜スティックが出ることを伝える。 ・食物繊維を多く含む野菜を最後に食べると歯ブラシ効果があることを伝え、虫歯予防の意欲を高める。	今日の給食 （野菜スティック）

5. **評価**
　・歯ブラシ効果のある食べ物には食物繊維が多く含まれていることが理解できたか。
　・食事の最後に食べると効果的だということが理解できたか。
　・虫歯予防への意欲を持ち、実践しようとする態度が養えたか。

食物繊維の指導資料1

食物繊維の働き

〈大腸イメージ〉

食物繊維が足りないと、腸が刺激されず便秘になったり、悪い菌が増えて下痢になったりします。その結果、悪い病気を引き起こしかねません。
食事にうまく取り入れて腸の健康を保ちましょう。

小腸

- コレステロールや脂肪、糖などの吸収を妨げます。
- 私たちのからだに害のある物質をからめとり、腸をお掃除します。
- 腸内にすみついているよい菌（善玉菌）を増やし悪い菌（悪玉菌）を減らします。
- 腸を刺激し、便の通りをよくします。

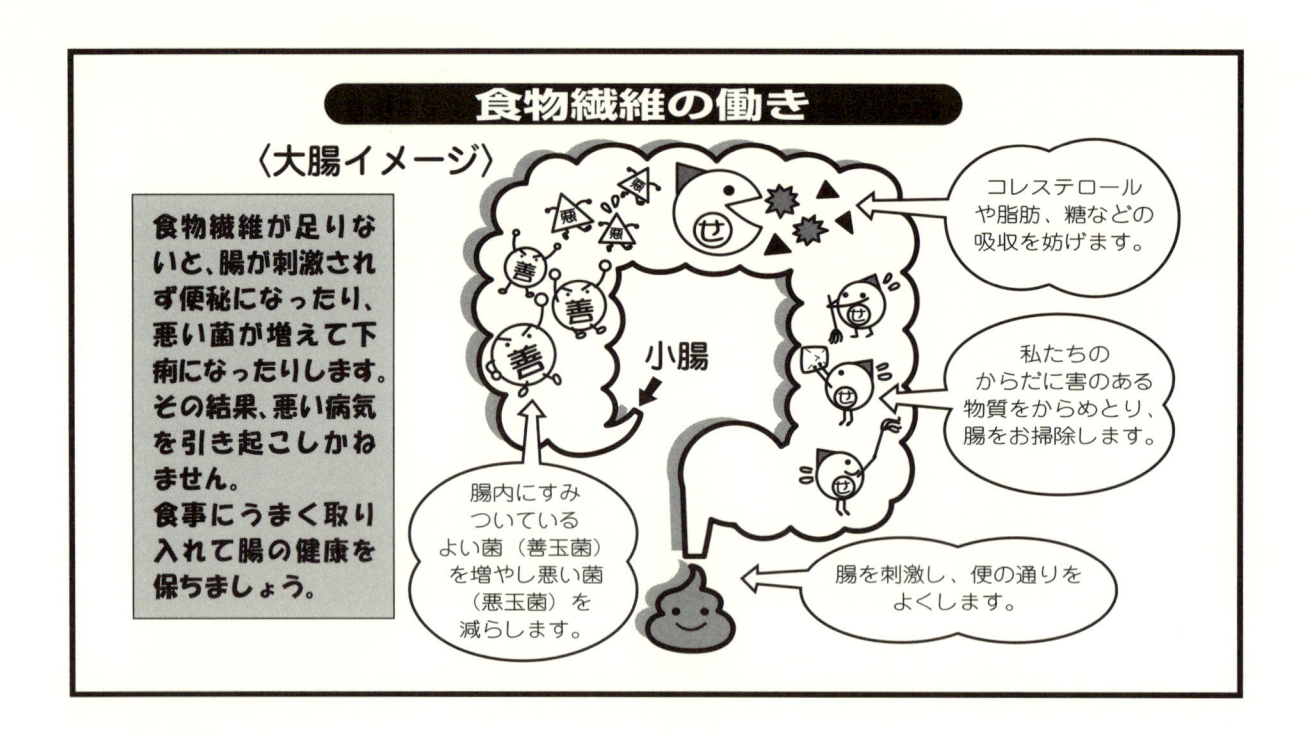

食物繊維をたくさんとるコツ

1. 生野菜より温野菜でとろう

野菜は生では量が多くて、一度にたくさんの量は食べられません。しかし加熱すれば量が減り、たくさん食べられ、食物繊維の摂取量もアップします。加熱しても、食物繊維の損失はありません。

2. 洋食より和食を

食物繊維は、いも、豆、野菜、海そう、きのこなどに多く含まれますが、肉や卵などの動物性たんぱく源にはあまり含まれません。ですから、肉類が中心の洋食よりも、根菜類や海そうなどをたっぷり使った典型的な和食の方が食物繊維をたくさんとることができます。

3. 「サプリメント（健康補助食品）」よりも食べ物で

サプリメント（健康補助食品）に頼るより、野菜や海そう類などの「食べ物」で積極的に食物繊維をとりましょう。食物繊維を多く含む食品は野菜や海そう類が多く、ビタミンやミネラルを豊富に含んだバランスのよい食事につながるからです。

また、サプリメントをたくさん食べて、極端に多くの食物繊維をとると、腸の中でからだに必要な鉄や銅、亜鉛の吸収を妨げます。

サプリメントはあくまでも補助食品であることを忘れずに。

食物繊維の指導資料2

● 毎朝トイレに行っていますか？

　皆さんは、毎朝ちゃんと"トイレ"に行っていますか？　便秘だったり、下痢だったりしていませんか？　うんちは健康のバロメーターです。よいうんちを作るために、早寝・早起き・朝ご飯をしっかり食べて、トイレに行く習慣をつけましょう。

● 今日のうんちは、どれに近いかな？
　バナナウンチくんになるには、どうすればいいかな？

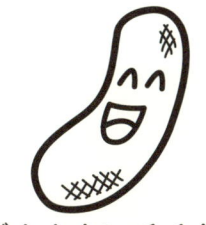

- バナナウンチくん
- ユルユルウンチくん 
- コロコロウンチくん 
- カチカチウンチくん 

よいうんちの見分け方

① 1日1回以上出る
② 形がバナナ状
③ バナナ2本分の大きさ
④ 水洗トイレのとき、水に浮く
⑤ 力まず、気持ちよく出る

● よいうんちを作るためには…

食物繊維

食物繊維を多く含む食べ物を食べるようにしよう！

食物繊維を多く含む食べ物：野菜・きのこ・果物・海そう・豆類・いも類・玄米や胚芽パンといった精製されていない穀物

おわりに

献立は生きた教科書

　食に関する家庭の教育力が二極化する中で、学校給食の担う役割は重要です。「食の大切さ」を認識していない保護者が多い中、子どもたちに健康で生きることの大切さ、素晴らしさを伝えていくことが私たちの使命です。昔は、家庭の食事の時間に当たり前のように交わされていた会話の中で、親から子、子から孫に伝えられてきた「食べることへの感謝」「旬の食材」「郷土食」「行事食」などが伝わりにくくなりつつある現在、学校給食を通じてその重要性を伝えていく必要があります。

　学校給食では子どもたちが大人になった時に食事作りのお手本になるような献立を作り、食の指導を行い、「これからを担う子どもたちが心もからだも健康に生きる力」を育てていくことが私たちの目指すべき姿だと思います。

どのような給食を作ればよいのか

　いくら栄養バランス満点の料理を作っても、おいしくなければ食べてもらえませんし、心も満足しません。残食になってしまえば、所要量を満たしたことにはなりません。まず学校給食はおいしくなければならないと思います。

　特に給食では子どもたちが「初めて食べる味」に出会うことも多いです。初めて食べた食材の味がそのおいしさを十分引き出せていなかったら…きっとその食事は「まずい」という記憶が残り、好き嫌いにつながってしまうでしょう。

　さて、どんな味がおいしいのでしょうか。

①地産地消をすすめ、旬の食材を取り入れましょう

　天然だしを丁寧にとった味は、薄味でも素材のおいしさが生きておいしくいただけます。旬の食材、とれたて野菜は味が濃く、その食材本来の味がわかります。地産地消の取り組みをすすめ、地域の方たちと協力しながら旬の食材を生かした献立作りを行い、材料と調理法に季節感が出せるように配慮しましょう。

②味に変化をつけましょう

　五味（甘い・しょっぱい・酸っぱい・辛い・苦い）の組み合わせは大切です。献立作成の中で味つけの重なりや調理法の重なりがないように考えましょう。バラエティに富んだメニュー作りも子どもたちの味覚の幅を広げることができます。

③望ましい食事のモデルとなるよう配慮しましょう

　献立を生きた教材として活用するためには栄養バランスも重要です。毎日の給食の献立が「何をどれだけ食べたらよいのか」がわかる「1食の望ましい食事のモデル」にならなければなりません。主食＋主菜＋副菜＋その他（汁物、果物、デザートなど）

がそろった、望ましい食事のモデルを毎日目で見て、味わって食べることを続けていくことで、将来子どもたちが食事を作る立場になったときの実践力につながります。

栄養所要量も毎日完璧な数値を目指すのではなく、1週間程度で平均してとれるように考えるとよいでしょう。

④献立に「思い」を込めましょう

教育的に配慮された献立であることも重要です。年間計画に基づき、郷土食・行事食などを取り入れながら、先人の知恵が生きた食文化を後世に伝えていく努力をしましょう。

児童生徒の日頃の食習慣を考慮し、また家庭で不足しがちな栄養素（特にカルシウム、鉄分、食物繊維）をしっかりとることができるように配慮しましょう。

私たち栄養教諭・学校栄養職員は栄養のプロです。生きた教材として常に自信を持って給食が出せるように、子どもたちが明日の給食を楽しみに待ってくれるような「良い仕事」ができるように、日々努力しましょう。

料理名さくいん

食物繊維の多い料理を集めました！
―「主食」「汁物」「主菜」「副菜」「デザート」別一覧―

分類		料理名	ページ
主食	ご飯	えだまめご飯	26
		おはぎ	41
		きのこご飯	30
		雑穀米のドライカレー	9
		山菜きのこご飯	70
		たけのこご飯	22
		たけのこご飯	50
		ヒジキご飯	88
		まつたけ入りきのこご飯	74
	パン	胚芽食パン	8
	めん	うどん風ソフトめんのきのこうどん	83
		きびすいとん	95
		ソフトめんの肉みそあん	18
		ソフトめんのみそラーメン	67
		ソフトめんのもやし肉みそラーメン	52
		ほうとう	42
汁物	和風	田舎汁	32
		いもの子汁	14
		かぼちゃのみそ汁	57
		かぼちゃぼうとう	64
		きのこ汁	78
		きのこ汁	80
		きのこの沢煮椀	20
		きのこのみそけんちん汁	49
		具だくさんみそ汁	76
		根菜汁	61
		山菜のみそ汁	87
		豚汁	66
		夏野菜のみそ汁	54
		なめこ汁	88
		なめこと野菜のみそ汁	79
		みそけんちん汁	85
		みそ汁	35

分類		料理名	ページ
汁物	洋風	若竹汁	47
		クリーミービーンズスープ	31
		豆のカレースープ	94
		野菜のボルシチ風	95
	中華	きくらげと卵のスープ	75
主菜	煮物	炒り鶏	63
		炒り鶏	81
		うま煮	86
		おからの袋煮	35
		新じゃがとがんもの煮物	12
		新じゃがの肉じゃが	10
		すき焼き風煮	41
		小芋のそぼろ煮	13
		筑前煮	44
		つくねだんごの甘辛煮	72
		肉じゃが	91
		ヒジキの五目煮	93
		豚レバーとれんこんの甘辛煮	66
		ポークビーンズ	23
		ポークビーンズ	62
		ポークビーンズ	89
		豆と野菜の五目煮	34
	揚げ物	いもかりんとう	16
		かぼちゃのコロッケ	56
		かぼちゃのコロッケ	59
		カリポリ揚げ	25
		行者にんにくのかき揚げ	51
		さつまいもと栗の甘辛あえ	40
		里芋の揚げ煮	96
		じゃがいものそぼろあんかけ	20
		大豆とヒジキとさつまいものかき揚げ	11
		大豆のメンチボール	36

> このページ（110～111ページ）に掲載しているものは、特に食物繊維を多く含んでいる料理を中心に、分類別に一覧にしています。

分類		料理名	ページ
主菜	焼き物	豆腐の寄せ揚げ	30
		ポテトコロッケ	15
		小豆の七夕おやき	29
		えのきたけのポークステーキ	71
		おからハンバーグ	27
		スイートポテト	17
		なすの七夕おやき	29
		ハンバーグきのこソース	77
	炒め物	きのこ入りスクランブルエッグ	73
		チンジャオロース	58
	揚げ煮	大豆とイリコの揚げ煮	50
	蒸し物	かぼちゃとひき肉の重ね蒸し	55
	ゆでる	芋もち	42
副菜	煮物	変わりきんぴら	64
		関東煮	19
		刻み昆布の煮物	85
		きんぴらごぼう	65
		凍り豆腐のごまあえ	44
		五目きんぴら	26
		五目きんぴら	57
		ぜんまいの炒め煮	48
		大豆と根菜のごま煮	37
		つきこんと切り干し大根の五目煮	68
		煮豆	22
		煮豆	24
		ヒジキと大豆の煮物	84
		ヒジキの炒め煮	61
		ヒジキの五目煮	87
		ふろふき大根のくるみみそがけ	43
		野菜の五目煮	69
		ワカメとしめじの冷たい煮びたし	90
	サラダ	海藻サラダ	92
		かぼちゃのアーモンドサラダ	39

分類		料理名	ページ
副菜		カレーサラダ	28
		きのこのサラダ	82
		切り干し大根の中華サラダ	96
		ごぼうサラダ	60
		ごぼうサラダ	67
		根菜のホットサラダ	72
		ヒジキとみつ葉の梅サラダ	18
		ヒジキのサラダスパゲッティ	89
	あえ物	アスパラのごまあえ	52
		うどのごまあえ	38
		くるみあえ	86
		小魚入りおひたし	81
		菜の花のからしあえ	45
		菜花のおひたし	49
		ナムル	53
		ワカメのおひたし	91
	炒め物	鉄火みそ	33
デザート		ごぼうチップ	62
		さつまいものきんとん	21
		よもぎだんご	46

JCLS <（株）日本著作出版権管理システム委託出版物＞
　本書の無断複写は著作権法上での例外を除き禁じられています。複写される場合は、そのつど事前に（株）日本著作出版権管理システム（TEL：03-3817-5670、FAX：03-3815-8199、E-mail：info@jcls.co.jp）の許諾を得てください。

食物繊維のとれる献立集
食物繊維の指導案付き
2008年9月25日発行

編●長野県学校保健会栄養教諭・学校栄養職員部会
発行者●細井壯一
発行所●全国学校給食協会
　　　　〒102-0074　東京都千代田区九段南2-5-10-1F
　　　　http://www.school-lunch.co.jp
　　　　Tel.03-3262-0814　Fax.03-3262-0717
　　　　振替00140-8-60732
印刷所●株式会社技秀堂

ISBN978-4-88132-059-4
落丁本・乱丁本はお取り替えします。
©2008 Printed in Japan